DE LA PRISION A LA ALABANZA

DE LA PRISION A LA ALABANZA

MERLIN R. CAROTHERS

Editado por Jorunn Oftedal Ricketts

EDITORIAL
Vida

La misión de EDITORIAL VIDA es proporcionar los recursos necesarios a fin de alcanzar a las personas para Jesucristo y ayudarlas a crecer en su fe.

De la Prisión a la Alabanza

©1975 EDITORIAL VIDA
Miami, Florida 33166

Este libro se publicó con el título:
Prision to Praise
© 1970 por *Logos International*

ISBN 0-8297-0447-7

Categoría: Autobiografía
Impreso en Estados Unidos de América
Printed in the United States of America

03   04   05   06   07   ❖   37   36   35   24   23

"Estad siempre gozosos.
Orad sin cesar.
Dad gracias en todo,
porque ESTA es la voluntad de Dios
para con VOSOTROS
en Cristo Jesús."
                    1 Tesalonicenses 5:16-18.

CONTENIDO

DE LA PRISION
A LA ALABANZA

1.

PRISIONERO

Sentí el contacto del frío metal contra mi muñeca izquierda y una voz áspera resonó a mis oídos:
—Este es el FBI. Está usted arrestado.

Yo había estado descansando, en el asiento de atrás del automóvil, con mi brazo izquierdo colgando hacia afuera de la ventanilla. El coche era robado y yo era un desertor del ejército.

El hecho de ser desertor no me preocupaba. Lo que hería mi orgullo era el haber sido aprehendido. Yo siempre me había considerado capaz de batirme por mí mismo, ahora tenía que sufrir la humillación de la celda carcelaria, permanecer en una fila para recibir una mezquina comida podrida y fría, volver a la celda solitaria y al duro tarimón sin nada que hacer sino contemplar las paredes y preguntarme cómo pude haber sido tan estúpido como para meterme en lío semejante.

Yo había sido un tipo bastante independiente desde la edad de doce años. Fue en ese tiempo cuando mi padre murió de repente, dejando a mamá sola con tres muchachos que criar. Mis hermanos tenían siete años y un año, y mamá comenzó a tomar lavados y se acogió al auxilio social para mantenernos vivos. Ella siempre hablaba de que Papá estaba en el cielo y que Dios nos cuidaría, pero con la intensidad de un niño de doce años yo me volví furioso contra un Dios que se permitía tratarnos de esta manera.

Yo repartía diarios después de la escuela hasta mucho después que había oscurecido cada noche, con la firme determinación de abrirme camino en la vida. Yo estaba decidido a obtener lo mejor de ella. De algún modo presentía que esto era mi derecho. Yo me sentía con derecho a echar mano de todo lo que pudiera conseguir.

Cuando mamá volvió a casarse, me fui a vivir con unos viejos amigos de papá. Ingresé al liceo, pero nunca dejé de trabajar. Yo trabajaba después de las clases y también durante todo el verano. Como envasador de alimentos, empleado de embarques, linotipista, y un verano como leñador en Pennsylvania.

Comencé mi período de colegio, pero me encontré sin dinero y tuve que ponerme a trabajar. Esta vez conseguí un trabajo en la firma B/W Steel, para quitar rebabas y esmerilar el acero. No era una ocupación muy agradable, pero al menos me mantenía en óptima condición física. Para mantenerse a la cabeza de la carrera por la vida, un factor importante es mantenerse en óptima condición física, y yo no estaba dispuesto a perderla por ningún motivo.

Nunca deseé ingresar al ejército. Lo que yo quería era embarcarme en la marina mercante; no se me ocurría que pudiera haber otro modo más fascinante de entrar en acción en la Segunda Guerra Mundial.

Para ingresar a la marina mercante yo tenía que lograr ser reclasificado 1-A ante la junta de recluta-miento, la que me había concedido un aplazamiento para que pudiera asistir al colegio. Antes de que pudiera lograr mi objetivo de ingresar a la Marina Mercante, el ejército me enroló. Me dijeron que podía presentarme como voluntario para la marina, lo que hice, pero un raro incidente me eliminó. Fra-casé en el examen de la vista simplemente por haber estado leyendo, por error, las letras de una línea equivocada en la cartilla. Así que, contra todos mis esfuerzos, fui a parar al campo de adiestramiento de Fort McClellan, en Alabama.

Yo estaba aburrido soberanamente. El programa de adiestramiento era algo muy liviano, y queriendo hallar algo excitante me presenté de voluntario para el adiestramiento en las tropas aerotransportadas en Ft. Benning, Georgia.

Siendo un rebelde de corazón, mi problema mayor siempre era el llevarme bien con mis supe-riores. Por alguna razón desconocida, ellos fijaban su atención en mí, a pesar de todos mis esfuerzos para permanecer en el anonimato. En cierta ocasión, durante el adiestramiento físico en un foso de ase-rrín, escupí en el suelo sin pensar. El sargento me vio y descendió como una nube de tormenta. — ¡Re-coja eso con su boca y sáquelo del recinto! — gritó.

Seguramente está bromeando, pensé, pero su cara enrojecida e inflamada indicaba que no era así. De modo que, humillado y ardiendo de rabia muy hábilmente disimulada, recogí el salivazo — junto con una buena bocanada de aserrín — y lo llevé "fuera del recinto".

La compensación llegó junto con la primera oportunidad de saltar de un avión en vuelo. ¡Esto sí que era vida! Justo la clase de excitación que yo había anhelado. Sobreponiéndose al rugido de los motores del avión, vino la orden: — ¡Alístense. . . párense. . . enganchen. . . ubíquense en la puerta. . . SALTEN!

El soplo de aire lo hace a uno sentirse como una hoja en un ventarrón — y luego, cuando la cuerda que lo sostiene al paracaídas llega a su fin, un tirón que llega a descoyuntar los huesos. A uno le parece como si hubiera sido golpeado por un camión de diez toneladas.

Luego, cuando su cerebro se aclara, se encuentra uno en un mundo maravillosamente silencioso; hinchado allá encima se encuentra el paracaídas asemejándose a un gigantesco arco de seda blanca.

Ya era un paracaidista, y me gané el honor de usar las resplandecientes botas de salto.

Sin embargo, yo anhelaba todavía mayor excitación y me presenté como voluntario para el entrenamiento avanzado como experto en demoliciones. Yo deseaba participar de lleno en el esfuerzo bélico, y pensaba que mientras más encendida fuera la acción, tanto mejor sería.

Terminado el período en la escuela de demolición, volví a Fort Benning a aguardar órdenes para salir a ultramar. Me llegó el turno de hacer guardia en los calabozos, también hice mi turno en la cocina, y tenía que esperar aún. La paciencia no era mi punto fuerte. Al paso que se estaba moviendo el ejército, yo calculaba que me perdería toda la entretención y que el fin de la guerra me encontraría restregando ollas y cacerolas.

Yo no estaba dispuesto a quedarme sentado sin hacer nada, así que con un amigo decidimos fugarnos.

Sencillamente un día salimos del campamento, robamos un automóvil y salimos disparados sin rumbo fijo. Como medida de precaución por si estuvieran buscándonos, abandonamos el primer carro y robamos otro y finalmente vinimos a parar en Pittsburgh, Pennsylvania. En este lugar nos quedamos sin dinero para gastar y decidimos practicar un atraco.

Yo tomé el arma y mi amigo se quedó esperando en el carro. Habíamos elegido un negocio que tenía apariencia de ser trabajo fácil. Mi plan consistía en cortar la línea telefónica para que no pudieran llamar a la policía, pero a pesar de que hice duros esfuerzos, la línea no cedió. Estaba frustrado. El arma estaba en mi bolsillo, la caja registradora estaba llena de dinero, pero la línea que podía comunicarles con la policía todavía estaba allí. Yo no iba a invitar al desastre.

De modo que me volví al automóvil para informar a mi amigo, y estábamos sentados en el asiento trasero del carro, comiendo unas manzanas y conversando, cuando el largo brazo de la ley dio finalmente con nosotros. Sin que lo supiéramos, se había dado la alarma en seis estados por causa de nuestra fuga, y el FBI iba pisándonos los talones.

Nuestra búsqueda de aventuras había terminado de manera estrepitosa. Yo estaba de vuelta en los calabozos de Fort Benning en donde había montado guardia hacía sólo unas pocas semanas. Fui sentenciado a seis meses de prisión y comencé de inmediato una campaña para ser enviado a ultramar. Mis compañeros de prisión se reían y decían:

— Si en verdad hubieras querido ir a ultramar no habrías desertado.

Yo seguía insistiendo que había desertado porque me había aburrido de esperar que me enviaran a ultramar.

Por fin mis súplicas fueron oídas; fui colocado con un destacamento de ultramar y me dirigí — custodiado — al Campamento Kilmer, N.J., en donde fui colocado en una celda en espera de la llegada del barco que nos llevaría a Europa.

Por fin ya las cosas estaban marchando. Casi en su totalidad. La noche antes que saliera nuestro barco me llamaron a la oficina del comandante, por intermedio del cual me enteré de que yo no me embarcaría con el resto de los hombres.

— El FBI quiere que te retengamos y que te devolvamos a Pittsburgh, Pennsylvania.

Una vez más volvía a sentir el frío acero de las esposas, y bajo guardia armada volví a Pittsburgh, en donde un severo juez leyó los cargos que se me hacían y me preguntó: — ¿Se declara culpable o no?

Mi madre estaba presente y sus ojos llorosos me hicieron sentir mal. No que yo estuviera arrepentido de lo que había hecho. Yo deseaba verme libre de todo esto y proseguir mi carrera apresurada por la vida, lo más pronto mejor.

— Culpable, señor. — Había sido cogido con las manos en la masa y estaba decidido que sería la última vez. Aprendería los trucos y de allí en adelante procedería sin arriesgarme.

El procurador de distrito explicó cuidadosamente mi vida pasada al juez, quien solicitó la opinión de los oficiales investigadores.

— Su Señoría, solicitamos clemencia.

— Y usted, soldado, ¿qué quiere? — me preguntó el juez.

— Yo deseo volver al ejército e ir al frente de batalla — fue todo lo que pude decir.

— Lo condeno a cinco años en la Penitenciaría Federal.

Sus palabras me produjeron el efecto de una lluvia de ladrillos que hubieran caído desde el cielo sobre mí. Yo tenía diecinueve años, y cuando saliera tendría veinticuatro. Me pareció que mi vida entera se iba por el desaguadero.

— Su sentencia se suspende temporalmente para que pueda volver al ejército.

¡Me había salvado, gracias a Dios! En menos de una hora me soltaron. Pero antes el fiscal del distrito me dio una seria reprimenda, y me explicó que si abandonaba el ejército antes de los cinco años, tendría que presentarme de nuevo ante él.

¡Libre por fin! Regresé a Ft. Dix, Nueva Jersey, simplemente para recibir otra lluvia de ladrillos sobre mi cabeza. ¡Allí examinaron mis papeles y me enviaron de vuelta al calabozo para cumplir mi sentencia de seis meses por deserción.

Hasta este momento yo tenía sólo un pensamiento en mi mente. Necesitaba ir al frente de batalla o reventaría. Nuevamente empecé mi campaña de conseguir que me enviaran a ultramar. Importuné al comandante hasta que finalmente, cuando había cumplido cuatro meses de mi sentencia, me soltaron. Pronto estaba cruzando el Atlántico a bordo del Mauritania.

En los camarotes habían seis literas una sobre otra y yo fui lo suficientemente afortunado para conseguir la de más arriba. De este modo evitaba que me cayera el vómito que con frecuencia recibían los de las literas inferiores.

No es que me hubiera importado mucho. Estaba tan entusiasmado porque se cumplían mis anhelos, que no iba a perder mi tiempo en trivialidades. Estaba decidido a obtener el máximo de provecho y excitación de la guerra. Durante mi confinamiento había desarrollado un talento que ahora me vino a pedir de boca. Había llegado a ser un experto en el juego de cartas y pasábamos los días y las noches de nuestra travesía en esta provechosa ocupación. Junté una bonita suma de dinero, y lo único que me hizo recordar las circunstancias en que viajábamos fue un breve encuentro con un submarino alemán que trató de hundirnos pero falló.

En Inglaterra abordamos trenes que nos condujeron al Canal de la Mancha. Allí nos embarcamos en pequeños navíos y cruzamos las turbulentas aguas del canal. Llovía a cántaros y una vez en la costa francesa desembarcamos, y, con el agua hasta la cintura, vadeamos hasta llegar a la playa.

Allí, mientras nos chorreaba el agua, tuvimos que formarnos para recibir nuestras raciones frías de alimentos y vitaminas. En seguida nos dimos prisa para subir de nuevo a un tren con rumbo al este. Sin detenernos, atravesamos Francia y nos trasbordaron a unos camiones que nos llevaron a Bélgica. Llegamos allá a tiempo para la batalla del Bulge con la 82a. División Aerotransportada.

En mi primer día de combate, el comandante se fijó en mi hoja de servicios, y notando que era un experto en demoliciones me puso a trabajar en la fabricación de bombas pequeñas, frente a un montón de explosivos plásticos. El montón tenía más o menos un metro de alto, e improvisándome un asiento con un tronco, me puse a trabajar. Otro soldado vino para ayudarme y me enteré de que había estado en la unidad durante muchos meses. Mientras me hablaba de sus experiencias en la División, noté que el fuego de artillería estaba llegando muy cerca de donde nos encontrábamos. Las explosiones se acercaban más y más a donde nos encontrábamos. Con el rabillo del ojo me quedé observando al otro soldado, preguntándome cuándo daría la señal de buscar refugio. El era ya hombre de experiencia y yo era simplemente un novato; yo no me iba a acobardar.

Las explosiones se acercaban cada vez más, y mi temor iba en aumento. Si una de esas andanadas cayera cerca de nosotros... el montón de bombas haría un gigantesco cráter.

El otro permanecía sentado sin prestar atención a las explosiones. Yo quería desesperadamente buscar refugio, pero no estaba dispuesto a mostrarme como un cobarde. Finalmente las descargas comenzaron a estallar al otro lado de donde nos hallábamos. ¡Habían errado!

Dos días más tarde descubrí por qué el otro soldado había estado tan impasible. Ibamos atravesando juntos un bosque sembrado de minas. Yo examinaba cuidadosamente el sendero en busca de señales que delataran la presencia de minas, pero mi compañero ni se fijaba dónde caminaba. Por fin le dije:

— ¿Es que no tienes ningún cuidado de las minas?

— Espero pisar una — replicó —. Estoy enfermo y cansado de esta podredumbre. Quiero morir.

¡Desde ese día procuré mantenerme lo más lejos posible de él!

Al concluir la guerra, fui a Frankfurt, Alemania, formando parte del 508o. Regimiento Aerotransportado, para servir en la guardia personal del general del ejército, Dwight D. Eisenhower.

Me habría gustado ver más acción, pero el botín de guerra no era tan malo después de todo. Vivíamos en elegantes edificios de apartamentos que habían pertenecido a los oficiales alemanes de mayor rango.

Yo andaba todavía a la caza de emociones, y en cierta ocasión casi conseguí más de lo que había esperado. Nos embarcaron en aviones para efectuar un salto en paracaídas. Había de ser un ejercicio de adiestramiento rutinario, pero nos habían dicho que Marlene Dietrich, la actriz de cine, estaría en tierra observando el salto. Todos esperábamos aterrizar cerca de ella.

En cuanto abandoné el avión, empecé a examinar el terreno que estaba a mis pies para ver si ubicaba a "la dama de las piernas hermosas". De repente me di cuenta de que algo horroroso sucedía. En derredor mío escuché gritos de terror y el rugir del motor de un avión que al parecer estallaba justamente por encima de mi cabeza. En circunstancias que varios centenares de paracaidistas estaban en el aire, un avión había perdido altura y se vino en picada directamente sobre nosotros. Varios paracaídas fueron desgarrados y los hombres se precipitaron a tierra. Caían en los alrededores del lugar en que se encontraba la actriz. Mi paracaídas estaba intacto, y cuando toqué tierra había cadáveres por todo alrededor, y el avión había estallado en llamas.

En Frankfurt tuve bastante tiempo libre. El concepto que yo tenía era que no puede haber verdadera diversión si no hay trago en abundancia. En cierta ocasión me emborraché de tal modo que perdí la memoria y al otro día mis compañeros me informaron de las locuras que había cometido en la ciudad la noche anterior. Una de esas había consistido en tenderme en el piso de un autobús alemán sin permitir que nadie pasara sobre mí. Los otros soldados se habían desternillado de risa y les parecía que el incidente era extremadamente divertido. Nunca se me ocurrió que mi conducta probablemente no contribuiría a dejar una buena imagen de lo que era el Ejército Americano de Ocupación.

Descubrí que las operaciones del mercado negro eran una fuente de ingresos más rápida y segura que el juego. Les compraba a otros soldados sus cigarrillos a diez dólares el cartón. Con una maleta llena iba a la zona del mercado negro de la ciudad, donde podía revenderlos a cien dólares la unidad. Esta zona era escenario de frecuentes robos, asaltos y asesinatos, pero yo no me preocupaba. Mantenía siempre mi mano sobre un "45" amartillado y cargado que yo llevaba en el bolsillo.

Pronto tuve una maleta llena de billetes de diez dólares en dinero militar, conocido como "vales". El único problema era hallar una manera de remitir el dinero a los Estados Unidos. El estricto control limitaba a cada soldado a enviar a casa sólo la cantidad que le pagaba el ejército. Pasé noches sin dormir tratando de idear una manera de burlar el sistema.

En el correo observé una fila de hombres que esperaban convertir su paga mensual en órdenes de pago. Cada uno tenía que tener su tarjeta de pago en la que constaba la cantidad exacta que se le había pagado. Me fijé en un hombre que llevaba consigo muchas tarjetas de pago, una bolsa llena de dinero, y que iba acompañado de un guardia armado. Era el escribiente de una compañía y estaba tramitando las órdenes de pago para su compañía. ¡De repente me di cuenta de que todo lo que necesitaba era una cantidad de tarjetas de pago!

Ubiqué al pagador de la unidad y pronto me enteré de que él estaba dispuesto a surtirme de las tarjetas de pago que yo necesitara, a cinco dólares cada una. Hicimos trato.

Me convertí en el escribiente de una compañía ficticia. ¡Con el dinero y las tarjetas de pago fui al correo y obtuve las órdenes de pago sin dificultad alguna!

Con este sistema hallé ahora nuevos medios de juntar vales. Logré saber que los soldados que venían de Berlín estaban dispuestos a dar mil dólares en vales por una orden de cien dólares. Cerré trato con verdadero gusto y luego convertí los $900 en nuevas órdenes de pago. ¡Estaba en camino de hacerme muy rico!

El ejército anunció la decisión de enviar a algunos hombres a las universidades europeas. Me presenté a exámenes, me seleccionaron y me enviaron a la Universidad de Bristol, en Inglaterra. Los cursos que tomé eran mucho menos importantes que el hecho de estar rodeado de chicas que hablaban inglés. Pronto conocí a una linda rubia llamada Sadie. Era una chica llena de optimismo y me enamoré perdidamente de ella. Al cabo de dos meses estábamos casados y pasamos exactamente treinta maravillosos días juntos en Inglaterra antes de que yo tuviera que regresar a Alemania. Sadie permaneció en Inglaterra, junto con otras novias de guerra, aguardando el avión que había de llevarlas a los Estados Unidos.

Llegué a los Estados Unidos casi seis meses antes que mi flamante esposa y estaba de veras impaciente esperando el momento cuando ella viniera para reunirse conmigo.

Recibí el tan ansiado documento que establecía que yo era ahora un civil. ¡Libre! No tenía deseos de volver a ver jamás el interior de una institución militar. Tenía dinero en abundancia, y mi futuro se veía color de rosa.

Ahora debía atender al problema de convertir mi maleta llena de órdenes de pago en billetes verdes y nuevos. Por cierto que no me era posible presentarme en la oficina de correos de mi pueblo, Ellwood City, en Pennsylvania, y vaciar todo el contenido sobre el mostrador. Por fin se me ocurrió la solución. Comencé a enviar las órdenes de pago, una por una, a una oficina de correos de Nueva York. Dentro de poco el dinero comenzó a llegar a mis manos.

Mis experiencias con la ley hasta el presente, me habían enseñado que lo mejor que podía hacer era seguir una profesión en la cual pudiera operar a salvo de todo riesgo. Siempre había anhelado ser abogado, de modo que di los pasos necesarios para matricularme en la escuela de leyes de Pittsburgh, Pennsylvania.

2.

¡EN LIBERTAD!

Mi abuela era una ancianita muy dulce, y yo tenía una muy alta estima por mi abuelo, pero el ir a visitarlos era una prueba tal que yo procuraba evitar cada vez que podía. Me ponían nervioso. Abuela estaba siempre aguardando la oportunidad de hablarme de Dios. Yo solía decir:

—Pero si estoy perfectamente bien, no se preocupen por mí.

Pero ella insistía:

—Necesitas rendir tu vida a Cristo, Merlin.

Me incomodaba más de lo que hubiera querido admitir. Aborrecía tener que herir los sentimientos de mi abuela, pero es que no tenía tiempo para esas cosas de la religión. ¡Yo estaba apenas comenzando a vivir!

Un domingo por la tarde, poco después de haber llegado de Alemania, fui a visitar a abuelo y abuela. Muy pronto comprendí que había cometido un error. Llegué cuando se alistaban para ir a la iglesia.

—Acompáñanos, Merlin —dijo abuela—. Hace tanto tiempo que no te hemos visto que nos agradaría que fueras con nosotros.

Me encogí en el asiento. ¿Cómo podía eludir atinadamente esta situación?

—Me gustaría ir —dije por fin—. Pero unos amigos ya me han dicho que pasarían a buscarme.

Abuela manifestó desilusión, y tan pronto como pude allegarme al teléfono comencé a llamar a todos los que conocía. Con verdadera congoja comprobé que no había nadie en condiciones de venir a buscarme.

Se aproximaba la hora de salir para la iglesia, y yo no podía decir a mis abuelos:

—No quiero ir.

Al llegar la hora, no me quedaba otra alternativa. Salimos todos juntos.

El servicio religioso lo celebraban en un establo, pero todos los presentes parecían estar muy felices. *Pobre gente,* pensé, *no saben lo que es bueno. De otro modo no estarían perdiendo su tiempo aquí dentro de este establo.*

Comenzó el canto y yo tomé un himnario para seguir las palabras. Al menos tenía que aparentar que estaba participando.

De pronto oí una voz profunda que me hablaba directamente al oído.

—¿Qué. . . qué fue lo que dijo? —me volví pero no hallé a nadie detrás de mí.

Una vez más oí aquella voz:

—Esta noche debes hacer tu decisión aceptándome. Si no lo haces hoy, después será muy tarde.

Sacudí la cabeza y dije automáticamente:

—¿Por qué?

—¡Simplemente porque sí!

¿Me estaba volviendo loco? Pero esa voz era muy real. ¡Era Dios, y me conocía! Repentinamente lo entendí con claridad. ¿Cómo es que no lo había entendido antes? Dios era real; El era la respuesta. En El se hallaba todo lo que yo había andado buscando.

— Sí, Señor — musité —. Lo haré; ¡y todo lo que tú quieras!

El servicio prosiguió, pero yo estaba en otro mundo. Esto era una locura, ¡pero yo conocía a Dios!

Abuelo estaba sumido en hondas reflexiones a mi lado. Yo no me daba cuenta en ese momento, pero él me lo contó después. Estaba peleando su propia batalla con Dios. Durante años había estado fumando y masticando tabaco. Cuarenta años de afición a la hierba habían logrado esclavizarlo totalmente a ese vicio. Muchas veces había procurado abandonarlo, pero le habían acometido violentos dolores de cabeza y muy pronto estaba masticando y fumando con mayor empeño que antes.

En este momento se hallaba sentado junto a mí, y estaba haciendo su propio compromiso.

— Señor, si cambias a Merlin, dejaré de masticar tabaco y de fumar, aun cuando muera.

No es de extrañarse que abuelo casi sufriera un colapso cuando al concluir la reunión, yo pasé al frente para manifestar públicamente la decisión que había hecho durante los cantos.

Algunos años más tarde, estando yo junto a su lecho cuando le llegó la hora de morir, él me miró y sonrió.

—Merlin —dijo—. Cumplí la promesa que le hice a Dios.

Ese domingo por la noche yo estaba ansioso por volver a casa y leer la Biblia. Yo necesitaba conocer a Dios, y con verdadera hambre leí página tras página. En mi interior había un maravilloso sentimiento de excitación. Era algo aún mejor que saltar desde un avión con un paracaídas. Esa noche Dios había entrado a mi corazón, y mi ser interior había sido cambiado. Yo me sentía como si estuviera en el umbral de aventuras tan excitantes, que ni siquiera podía imaginar. El Dios de Abraham, Isaac y Jacob aún estaba vivo; el Dios que separó las aguas del Mar Rojo y que habló desde una zarza ardiente y que envió a su Hijo para que muriera en una cruz — ¡era también mi Padre!

Repentinamente pude comprender lo que mi padre terrenal había querido decirme. A la edad de treinta y seis años se vio confinado a una cama por primera vez en su vida. Tres días más tarde su corazón dejó de latir. El médico estaba listo con una inyección, y el corazón de mi padre comenzó a latir de nuevo. Abrió sus ojos y dijo:

—No habrá necesidad de eso, doctor. Me ha llegado la hora de partir — se sentó en la cama y miró alrededor de la habitación con una expresión radiante en el rostro—. ¡Miren! —dijo—. ¡Aquí están, y han venido para llevarme! — después de lo cual se echó hacia atrás y quedó inmóvil.

Mi padre había conocido a Jesucristo como su amigo y Salvador personal. Estuvo listo para partir.

Ahora yo también estaba listo, pero aun mientras estaba repitiendo este pensamiento para mí mismo, me sobrevino una cierta intranquilidad, era un remordimiento en el subconsciente. ¿Qué andaba mal? ¡Muéstrame, Dios mío!

De a poco vino la claridad a mi mente. ¡El dinero! Todo ese dinero. No era mío; ¡tenía que devolverlo!

Una vez hecha la decisión, suspiré aliviado. Casi no podía esperar para desembarazarme de ese dinero. Era como una enfermedad que estuviera dentro de mí, y yo sabía que ese sentimiento se mantendría hasta tanto no me hubiera desprendido de ese dinero.

Conversé el asunto en la oficina de correos, pero ellos me dijeron que era un asunto que no era de su incumbencia, pues yo no había robado las órdenes de pago. Yo podía hacer con ellas como quisiera.

Todavía me quedaba una buena cantidad de ellas que no había cobrado, de modo que llevé la maleta hasta el cuarto de baño y comencé a echar esas órdenes de pago de cien dólares por cantidades en el excusado. Junto con cada lote de ellas que veía desaparecer, mi gozo aumentaba.

Después de eso, me quedaba aún el dinero que había logrado canjear. Escribí al Departamento del Tesoro de los Estados Unidos, contándoles cómo había adquirido aquel dinero. Me preguntaron si tenía alguna evidencia de cómo había adquirido el dinero y las órdenes de pago. Era demasiado tarde; ¡la evidencia se había ido por el excusado! Les dije que no tenía pruebas, sino solamente el dinero, y ellos me dijeron que todo lo que podían hacer era aceptar el dinero en el Fondo de Conciencia.

De nuevo me veía convertido en un hombre pobre, pero con gusto habría dado todo lo que poseía, con tal de tener esa vida nueva y ese gozo que sentía en mi interior.

Todavía faltaba que me encontrara con una sombra del pasado. Volví a Pittsburgh y me presenté ante el fiscal de distrito. Aún quedaban tres años de mi sentencia, y debería entrar en alguna especie de trato de libertad condicional. Esto significaba que tenía que estar presentándome a informar con regularidad y que estaría constantemente vigilado por un oficial designado para este propósito.

El fiscal de distrito me recibió y pidió a uno de los empleados que buscara mis archivos. Les echó un vistazo y pareció sorprenderse.

—¿Sabe lo que ha recibido? —Yo sabía que había recibido a Cristo, pero era muy difícil que esto hubiera ya llegado a mi hoja de conducta.

—No, señor.

—¡Ha recibido un perdón presidencial, firmado por el Presidente Truman!

—¿Perdón?

—Eso significa que su hoja de conducta está completamente limpia. Igual como si jamás hubiera tenido problemas con la ley.

Hubiera querido gritar de alegría.

—¿Cómo he conseguido ese perdón?

El fiscal de distrito sonrió.

—Algo tiene que ver con su excelente hoja de servicio en el ejército.

Me explicó que estaba en libertad para ir y hacer lo que quisiera; mi caso estaba cerrado.

—Si alguna vez presenta una solicitud para algún empleo en el gobierno, usted tiene posibilidades de obtenerlo.

— Gracias, Señor. — Yo estaba abrumado.

No solamente mis pecados habían sido lavados y el caso cerrado en el Calvario, sino que Dios me había dado la posibilidad de tener un comienzo nuevo y en blanco ante el gobierno de los Estados Unidos. ¡Y ni siquiera había pensado buscar algún empleo allí!

¿Pero qué iba a hacer? Los motivos que había tenido para desear ser un abogado eran dudosos; parecía claro que Dios no aprobaba esa profesión para mí. Pronto el pensamiento se hizo muy persistente. ¡Yo debía ser un ministro! Yo, en el púlpito. De sólo pensarlo parecía absurdo.

— Tú me conoces, Señor — alegué —. Soy amante de las emociones, de aventuras y hasta del peligro. No sería un muy buen predicador.

Parecía como si Dios hubiese tenido todos sus planes ya arreglados para mí. Yo no podía dormir por las noches, y mientras más pensaba y oraba, la idea parecía más excitante. Si Dios podía hacer un predicador de un ex-presidiario, paracaidista, tahúr, y negociante del mercado negro, ésa sería una aventura mayor en el campo de lo desconocido que cualquier otra cosa que yo hubiera probado anteriormente.

Estaba ansioso por contárselo a Sadie. Ella debía arribar a Nueva York en un barco Liberty cargado con esposas de militares, que procedían de Europa. Hasta el momento yo no había podido comunicarle a ella mi encuentro con Jesucristo — ésta era una de esas cosas que yo prefería contarle a ella personalmente cuando estuviéramos juntos.

El barco ya había atracado al muelle cuando yo

llegué; por todas partes podían verse parejas abrazándose, y mi corazón palpitaba con fuerza mientras yo buscaba la cabeza rubia de Sadie entre la multitud. Allí estaba — de súbito todo pareció muy diferente — el matrimonio significaba más ante Dios que cuando decidimos unirnos. Me maravillé de la forma en que Dios había mantenido su mano sobre mí todo este tiempo — aun en lo referente a la elección de mi esposa antes de que yo tuviera suficiente sentido común para solicitar su consejo.

Era agradable volver a tener su mano entre las mías otra vez; parecía haber miles de cosas sobre las cuales conversar... sin embargo yo estaba muy ansioso por comunicarle la más grande de todas las noticias: que yo era un hombre nuevo; que ya no era el tipo despreocupado, precipitado e irresponsable con el cual se había casado.

—Sadie — dije observando su rostro con atención —. Algo maravilloso me ha sucedido... he conocido a Jesucristo, y me ha cambiado. Soy un hombre nuevo... las cosas van a ser diferentes ahora.

Me miró, con ojos llenos de asombro.

—Me enamoré de ti por lo que tú eras, Merlin — dijo ella lentamente —. No deseo que cambies.

Fue como si una cortina invisible se hubiera interpuesto entre nosotros; mi mundo se había derrumbado. Y sin embargo, ¿no había estado yo no hace mucho donde ella se hallaba ahora? Yo también había rechazado al Salvador.

—Jesús — susurré en voz baja —. Toca a mi esposa.

Los meses siguientes fueron difíciles. A Sadie no le agradaba la idea de ser la esposa de un ministro. Ella repetía constantemente que se volvería a Inglaterra si yo no abandonaba mi ridícula preocupación religiosa.

Las comunicaciones entre nosotros estaban interrumpidas, pero yo seguí adelante con mis planes para matricularme en el Instituto Bíblico, orando siempre que Jesucristo viniera a la vida de Sadie en su debido tiempo.

Me matriculé en el Colegio Marion, de Indiana. Se trataba de un Instituto que funcionaba anexo a una iglesia, y yo debo haber sido el estudiante más emotivo del plantel. Sadie hacía frente a la situación — aguantando valientemente mi exuberancia.

Pocos meses más tarde fuimos a pasar las vacaciones a casa de mamá. Mamá estaba regentando una casa de reposo para ancianos, y una muy dulce anciana, viuda de un ministro metodista libre, cobró un aprecio muy especial por Sadie.

Una tarde, al volver a casa, hallé a Sadie con aspecto lloroso, en la sala de estar. En medio de sollozos, me dijo con aire de felicidad:

— Oh, Merlin, ahora entiendo lo que tú me has querido hacer entender con respecto a la vida cristiana. Deseo que juntos sirvamos a Cristo.

Nos arrodillamos junto al sofá en la sala de estar.

— Gracias, Jesús — reíamos y llorábamos de gozo.

Pasadas las vacaciones, volvimos a Marion — ansiosos de completar el período de estudios y entrar al servicio de Dios con tiempo completo.

Para suplementar mi pensión como veterano de

guerra, yo trabajaba seis horas al día en una fundición. Yo deseaba terminar mi instrucción tan pronto como fuera posible y conseguí permiso especial para asistir a veintiuna horas de clases semanales en lugar del máximo permitido de diecisiete horas.

Trabajaba desde las 2 p.m. hasta las 8 p.m., estudiaba hasta las 12 p.m., dormía hasta las 4 a.m., y luego estudiaba hasta las 8 a.m., hora en que me correspondía asistir a clases.

Un día domingo tuve mi primera oportunidad de predicar — en la cárcel local. Tomado de los barrotes insté a los hombres a que entregaran su corazón a Cristo. Cada semana los presos se arrodillaban allá adentro, tomados de las rejas mientras recorrían por fe el camino hacia Cristo.

Yo volvía al Instituto flotando en una nube.

Los sábados por la noche estábamos libres, y yo me hacía acompañar por un grupo de estudiantes para celebrar cultos al aire libre en la escalinata del palacio de justicia en pleno centro de Marion. Para deleite nuestro, las gentes respondían pasando al frente y aceptando a Cristo. Después del servicio recorríamos las calles en todas direcciones, instando a los que nos escuchaban a que entregaran sus vidas a Cristo.

Nunca había estado tan atareado; sin embargo me parecía que todo cuanto hacía por Cristo era poco todavía. El había salvado mi vida; lo menos que yo podía hacer era consagrarle mi tiempo.

Los estudios correspondientes a cuatro años yo los hice en dos años y medio. Luego me matriculé en el Seminario Asbury, en Wilmore, Kentucky. Dios nos proveyó con un circuito de cuatro iglesias metodistas, a las cuales yo servía como pastor estudiante. Cada semana recorríamos el circuito completo de trescientos kilómetros para atender a nuestras iglesias. Para compensarnos, cada una de ellas nos daba cinco dólares por semana, y además cada fin de semana podíamos comer en abundancia.

Comprimiendo el horario al máximo, el curso de tres años del Seminario lo completé en dos, consiguiendo al fin nuestra meta. ¡Era un ministro al fin! Había trabajado por tanto tiempo y tan duramente que en realidad no sabía cómo parar. Pero para esto me había llamado Dios. Fuimos enviados a la iglesia metodista de Claypool, Indiana, en nuestra primera designación de tiempo completo. Me lancé al trabajo con todo el celo de que era capaz y lentamente las tres iglesias que componían el circuito comenzaron a crecer. Las ofrendas aumentaron, la asistencia creció, y mi salario fue aumentado.

La juventud aceptaba a Cristo en cantidades que iban en aumento, y nuestra congregación nos aceptaba y amaba y soportaba pacientemente los desatinos de un joven ministro.

Yo todavía sentía, sin embargo, una creciente inquietud dentro de mí. Había un vacío, una insatisfacción, casi un aburrimiento. Mis pensamientos se dirigían con mayor fuerza hacia la capellanía en el ejército. Yo conocía al soldado, sus pensamientos, sus tentaciones. ¿Sería por ventura que Dios quería que sirviera a los hombres de uniforme? Oré pidiendo dirección.

— Señor, iré si quieres que vaya; y me quedaré si quieres que me quede. . .

Gradualmente la atracción que sentía por el ejército fue creciendo.

En 1953 me presenté de voluntario para la capellanía y fui aceptado. Esto no habría sido posible si yo no hubiera recibido ese perdón presidencial. En aquel tiempo Dios había estado en conocimiento de las cosas.

Después de pasar tres meses en la escuela de capellanes, fui enviado a unirme a las tropas aerotransportadas en el Fuerte Campbell, Kentucky.

En la primera oportunidad que se me presentó, subí a bordo de un avión y pude oír las palabras ya familiares:

—Alístense; párense; enganchen; ubíquense en la puerta... ¡SALTEN!

Sentí el empuje del aire y el choque al abrirse el paracaídas. Todavía daba la impresión de un camión de diez toneladas que lo hubiera golpeado a uno. ¡Había vuelto al lugar a que pertenecía!

3.

LA BÚSQUEDA

Es excitante ser un capellán, y era emoción precisamente lo que yo había andado buscando. Yo acompañaba a los hombres a todas partes. En el aire, en tierra, escalando montañas, participando en marchas, soportando las exigencias físicas. En la cuadra, en las oficinas, en el campo, o en los comedores — en todas partes yo encontraba oportunidades de hablar a los hombres de lo que Dios deseaba hacer por ellos.

Yo disfrutaba de cada minuto de las pruebas físicas. En el adiestramiento para expertos en la selva, en Panamá, dependíamos exclusivamente de los frutos de la selva para nuestra alimentación. La selva, calurosa y húmeda, pronto cobró su presa, y de este modo algunos hombres tuvieron que ser trasladados en camilla. ¡Allí aprendí que puede llegar a ser muy cómodo yacer en una poza de barro!

En el Fuerte Campbell tuve la oportunidad de llegar a ser piloto, lo que había sido uno de mis anhelos de siempre. Con un amigo compramos un viejo aeroplano, el que parecía mantenerse firme simplemente a base de goma de mascar y bandas elásticas. El avión no tenía equipo de radio y teníamos que volar guiándonos por la vista o por el instinto. En cierta ocasión me perdí por completo y de repente me encontré escoltado por dos aviones militares. Me hicieron señas que aterrizara, y supe que había estado volando sobre el Fuerte Knox, en Kentucky. La disgustada policía de seguridad me informó que yo había tenido suerte de que no me hubieran derribado a tiros.

Nuestro avión tuvo un fin repentino cuando mi amigo se estrelló en un maizal.

Mientras estuvimos destacados en el Fuerte Bragg, en Carolina del Norte, acompañé a la 82a. División Aerotransportada a la República Dominicana. Esto no era más que una sencilla acción policial, pero hubo que lamentar la pérdida de treinta y nueve paracaidistas.

De regreso en el Fuerte Bragg continué participando con los paracaidistas y por fin obtuve el codiciado reconocimiento del ejército como Paracaidista Maestro.

A juzgar por las apariencias externas, todo andaba bien. Mi vida era excitante y la estaba viviendo en su plenitud, y estaba haciendo la obra de Dios. Tal vez eso era parte del problema. *Yo* estaba haciendo la obra de Dios. No me agradaba admitirlo, pero muy a menudo me ponía demasiado tenso cuando hablaba con los hombres acerca del amor de Dios hacia ellos. El convertirlos era mi tarea y yo luchaba duramente para conseguirlo.

Permanentemente estaba consciente de estar fracasando lamentablemente en la perfección que siempre había anhelado. Por alguna razón inexplicable ésta parecía estar siempre en el horizonte.

Cuando niño había oído a mi madre y a mi abuela hablar de la necesidad de vivir en pureza y santidad. Ellas eran wesleyana y metodista libre, respectivamente, y comentaban sobre la obra del Espíritu Santo en la vida del cristiano.

Fuese lo que fuere, eso era algo que a mí ciertamente me estaba faltando. Yo había leído libros sobre la vida más profunda de oración, y había asistido a reuniones de campamento para oír a otros predicar sobre el poder de Dios.

En mi propia vida yo no había experimentado mucho de ese poder, pero lo anhelaba con verdadera desesperación. Deseaba ser usado por Dios, y dondequiera me volvía hallaba gente en necesidad. Yo no tenía lo que se precisaba para atender sus necesidades.

Un amigo me dio un libro que hablaba de un culto oriental que decía conocer el método de abrir las mentes de la gente al poder de Dios. Aprendí a permanecer de espaldas sobre una superficie con los pie levantados y a practicar la meditación silenciosa.

Comencé a leer todo lo que pude hallar referente a los fenómenos psíquicos, el hipnotismo, el espiritismo, con la esperanza de hallar una clave al secreto de permitir al Espíritu de Dios operar en mí y a través de mí.

Aproximadamente por ese tiempo fui a Corea, y allí, en un accidente, se quebraron mis lentes y resulté con el ojo derecho dañado. Perdí el sesenta por ciento de la visión en ese ojo. Me había herido la córnea, y los médicos dijeron que nunca recobraría la visión.

¿Dónde estaba el poder de Dios ahora? Cristo había andado en la tierra y había sanado a los ciegos. El dijo que aquellos que le siguieran harían cosas mayores que las que El había hecho.

En dos ocasiones fui a Seúl para operarme de la vista. El veredicto era negativo. Oré. Todo mi ser se rebelaba ante la idea de aceptar a un Dios de salvación, un Dios que es Creador omnipotente, un Dios cuyo nombre yo anunciaba a los hombres que enfrentaban la muerte en el campo de batalla, como un Dios desprovisto de poder para sanar. ¿Pero dónde estaba la clave? ¿Cómo podían los hombres beneficiarse con ese poder? Me propuse averiguarlo.

En el tercer vuelo que hice a Seúl para visitar al cirujano, estaba sentado en el avión, cuando de repente tuve una extraña sensación dentro de mí. No era una voz audible, pero experimenté una muy clara comunicación en estos términos:

— Tus ojos van a sanar.

Yo sabía que era Dios quien había hablado. El me había hablado, con tanta claridad como lo hiciera en aquella tarde de domingo en aquel establo en Pennsylvania.

En Seúl, el cirujano movió la cabeza y dijo:

— Lo siento, capellán, nada puedo hacer por su ojo.

En lugar de sentirme desalentado, yo me sentía lleno de gozo. Dios había hablado; yo confiaba en El.

Pocos meses después experimenté una extraña urgencia de visitar de nuevo al cirujano para que me examinara el ojo. Después de practicar el examen, el médico parecía asombrado.

— No comprendo esto — dijo él —. Su ojo está en perfectas condiciones.

¡Dios lo había hecho! Yo estaba sumamente alegre y más determinado que nunca a investigar todas las posibilidades de contacto con su poder.

Regresé a los Estados Unidos en 1963, volví a la escuela de capellanes por seis meses y luego fui designado a Fort Bragg, Carolina del Norte, en 1964.

Aquí continué estudiando hipnosis con renovado vigor y me vi envuelto en el movimiento de Fronteras Espirituales, que era dirigido por Arthur Ford. Yo había oído que muchos ministros eran atraídos por este movimiento. En el hogar de Arthur Ford tuve evidencia de primera mano de las obras de un mundo de espíritus completamente separado de nuestro mundo racional conocido. Quedé fascinado.

¿Pero era esto algo escritural? Venían a mi mente muy fuertes dudas. De que los espíritus eran reales no había duda, pero la Biblia habla de otros espíritus aparte del Espíritu Santo de Dios, y habla de "huestes espirituales de maldad en las regiones celestes" (Efesios 6). La Biblia dice que estos espíritus son enemigos nuestros, que son las fuerzas con que cuenta Satanás, y nos advierte que probemos los espíritus para asegurarnos de que no vamos a ser manipulados por el enemigo. Satanás puede falsificar astutamente la obra del Espíritu Santo.

Yo me sentía bastante seguro de que no estaba metiéndome en un callejón sin salida. Estos espíritus, y la gente que conocí en el movimiento, hablaban en forma muy encomiable de Cristo, después de todo. Por cierto que le reconocían como el Hijo de Dios y como un gran líder espiritual que realizó grandes milagros.

Ellos decían que nuestra meta era llegar a ser como Cristo en todo, puesto que nosotros también éramos hijos de Dios.

Viajé extensamente para hablar con gente que sabía algo sobre el asunto, estudié libros de hipnotismo, hablé con doctores, hasta escribí a la Biblioteca del Congreso. Yo creía que aquí estaba la avenida que yo, como ser humano mortal, podría usar para ayudar a otros.

No me daba cuenta que estaba pisando terreno sumamente peligroso. En forma muy sutil había comenzado a considerar a Jesucristo como alguien muy semejante a mí mismo. Alguien a quien yo podría igualarme si hacía esfuerzos lo suficientemente grandes.

En verdad, yo había subestimado el poder del enemigo. En ese entonces no me daba cuenta, pero la hipnosis es potencialmente muy dañina en lo espiritual, pues deja a la persona completamente expuesta a los impulsos provenientes del reino de Satanás.

También es cierto que estaba cayendo en la trampa de pensar en Satanás como un ser maligno con cuernos, tal como lo muestra la imaginación popular. En tales condiciones, ciertamente él no podía significar una verdadera amenaza para el sofisticado hombre del siglo veinte.

C. S. Lewis dijo en cierta ocasión que la treta más

hábil del diablo consiste en convencer al mundo que él no existe.

Mi fe se había dañado seriamente, aun cuando yo estaba inconsciente del hecho. El cambio era muy sutil. Tal vez la delgada línea había sido traspasada cuando yo comencé a hablar acerca de Jesús como un maestro y obrador de milagros, pero sin mencionar que El murió en una cruz por nosotros y que su Sangre nos limpia de pecado.

Satanás citaba las Escrituras aun en tiempos de Jesús. Lo hace todavía, y la verdad es que a él no le importa mucho si nosotros lo hacemos, pero a él le gustaría vernos olvidar lo relacionado con la cruz, la Sangre, y el Cristo Resucitado.

Pablo habla en cuanto al secreto de la vida cristiana en su carta a los Colosenses, en el capítulo 1 y versículo 27. El secreto es Cristo *en* nosotros. No que nosotros lleguemos a ser como El, sino que El viva en nosotros y nos transforme desde adentro. Otros podrán mirarnos y decir que nuestra apariencia es semejante a la de Cristo, pero ello no será porque hayamos llegado a ser más dignos, más santos, más espirituales o más puros. El vive en nosotros, allí es donde está el secreto.

El peligro sutil del movimiento llamado "Cristiano Espiritual", o "Movimiento de las Fronteras Espirituales", yace en el hecho de que trata de guiar a los hombres a que traten de emular a Cristo, y que se apropien de los poderes espirituales para sí mismos, llegando de este modo a cometer el pecado original de Satanás, el ángel caído que deseó ser como Dios.

Sin tener a Cristo como Salvador, sin la obra de la cruz, no habría plan de salvación, ni existiría un camino posible para el perdón de los pecados. En verdad, no habría evangelio.

Yo estaba cayendo en la trampa. Mis motivos eran puros; yo deseaba honestamente tener poder para ayudar a otros a vencer sus problemas y sus enfermedades del cuerpo y de la mente.

Fue preciso que Dios actuara para que mis ojos pudieran abrirse y me pudiera dar cuenta del error de mi proceder.

4.

SÉ LLENO

Durante algún tiempo yo había estado frecuentando un pequeño grupo semanal de oración en los alrededores del Fuerte Bragg. En una de esas ocasiones, Ruth, que era uno de los miembros del grupo, fue conmovida notoriamente durante una de las sesiones de oración. Yo había venido observándola por el espacio de varias reuniones y más de una vez se me había ocurrido la idea de preguntarle cómo es que ella había llegado a experimentar un gozo semejante en su vida. A diferencia del resto de nosotros, ella parecía estar continuamente llena de un gozo que yo había experimentado en muy raras ocasiones en mi vida.

En esta ocasión en especial, Ruth me confesó:

— ¡He tenido una bendición tan grande que casi he orado en lenguas en voz alta!

— ¿Que casi hiciste qué. . . ? — yo estaba horrorizado.

— Orar en lenguas — dijo Ruth en tono alegre.

Bajé la voz y miré alrededor para ver si estábamos siendo observados.

—¡Ruth, has estado a punto de arruinar nuestro grupo! ¿Qué te pasa?

Ruth se rio sinceramente.

—Pero si siempre he estado orando en lenguas desde que recibí el Bautismo en el Espíritu Santo.

—¿Qué es eso? —yo no había escuchado el término anteriormente.

Ruth me explicó pacientemente que era la misma experiencia que los discípulos tuvieron en Pentecostés.

—Yo he experimentado mi propio Pentecostés —ella sonrió con una luminosidad inequívoca.

—Yo pensaba que tú eras bautista. —Me sentía profundamente conmovido.

—Efectivamente lo soy, pero es que Dios se está moviendo en todas las denominaciones.

Yo había oído rumores que una ola de emocionalismo estaba invadiendo las iglesias, que la gente estaba yendo tras fantasías y que estaba perdiendo la fe en Cristo. Algo había oído sobre pentecostales "borrachos en el Espíritu", aun cuando yo no sabía lo que eso significaba. Se decía que tenían terribles orgías. Me di cuenta de que Ruth necesitaba ayuda con urgencia.

Puse mi mano sobre el brazo de ella.

—Ten cuidado, Ruth —le dije seriamente—. Estás jugando con fuego. Estaré orando por ti, y si necesitas ayuda, llámame.

Ruth sonrió y palmeó mi mano.

—Gracias, Merlin. Aprecio tu preocupación.

Pasado un tiempo me llamó.

—Merlin, un grupo que se llama el Campamento de Más Afuera va a tener un retiro en la ciudad de

Morehead; nos gustaría que asistieras.

Me sonó como algo de lo cual haría bien en mantenerme alejado. Prudentemente contesté que iría si podía, lo que equivalía a decir que no me sería posible ir.

Dentro de la semana siguiente varias otras personas llamaron: un hombre de negocios, para recordarme que iba a necesitar mis palos de golf, una dama de Raleigh, para decirme que ella tenía todo arreglado para que yo no tuviera que pagar si asistía. Otro llamó para decir que podría invitar a otro ministro libre de todo pago. Esto ya era demasiado. ¿Cómo podía resistir todo este genuino interés en mi bienestar espiritual? Agradecí, prometiendo asistir.

Me puse en contacto con un ministro presbiteriano amigo y lo invité a acompañarme. Se excusó.

— ¡Es un viaje con todos los gastos pagados y en un hotel de turismo!

— Iré.

Cuando estábamos en camino, Dick dijo:

— Merlin, ¿por qué razón estamos yendo a este asunto?

— No lo sé —dije—. Pero es gratis, así que disfrutémoslo.

En la sala de recepción del hotel se nos recibió con muestras de tan caluroso entusiasmo, por parte de gente a la que jamás habíamos visto, que yo empecé a preguntarme qué clase de seres raros serían éstos entre los cuales habíamos caído.

Los servicios eran diferentes de todo lo que habíamos visto con anterioridad. La gente cantaba con gozo, palmeando las manos, y hasta levantando las manos mientras estaban cantando.

Dick y yo nos sentíamos bastante fuera de lugar, pero estábamos de acuerdo en que aquí había un gozo de tal naturaleza, que nos haría bien aprender algo de esto.

Una dama muy culta y de apariencia muy refinada se dirigió repetidamente a nosotros y nos preguntaba:

— ¿No ha sucedido nada todavía?

— No, señora, ¿qué quiere usted decir con eso? — respondimos nosotros.

— Ya verán, ya verán — decía ella invariablemente.

Ruth y algunos de los otros que nos habían invitado me insinuaban insistentemente que sostuviera una conversación privada con cierta dama la cual ellos decían tenía extraordinario poder.

Nos llevaron donde ella para presentárnosla, y desde ese primer momento me causó mala impresión. Ella citaba las Escrituras de tal modo que parecía que estaba tratando de convertirlo a uno. No me gustaba que se me citaran las Escrituras, y menos que lo hiciera una mujer.

Aun así, nuestros amigos insistían que nosotros debíamos hablar con ella, y puesto que ellos habían pagado nuestra permanencia en el lugar, nos sentíamos comprometidos con ellos.

Permanecimos sentados pacientemente mientras ella nos contaba lo que Dios había hecho en su vida y en la vida de otros a los que ella conocía. Varias veces mencionó el "Bautismo en el Espíritu Santo", y nos probó mediante las Escrituras que ésta había sido una experiencia común entre los cristianos del siglo primero.

—El Espíritu Santo está haciendo todavía las mismas cosas en muchas vidas en el día actual —dijo ella—. Jesucristo todavía bautiza a aquellos que creen en El, del mismo modo como lo hizo en Pentecostés.

Sentí una punzada de excitación. ¿Sería posible que yo pudiera experimentar mi propio Pentecostés? ¿Podría ver las lenguas de fuego, oír el estruendo del viento, y hablar en una lengua desconocida?

Ella había terminado de hablar y se quedó mirándonos.

—Me gustaría orar por ustedes, —dijo ella suavemente—. Para que reciban el Bautismo en el Espíritu Santo.

Sin vacilación, yo contesté:

—Sí.

Ella colocó sus manos sobre mi cabeza y comenzó a orar en voz baja. Yo me quedé esperando que "eso" viniera sobre mí. Nada sucedió. No sentí absolutamente nada.

Ella prosiguió y colocó sus manos sobre la cabeza de Dick. Cuando hubo terminado de orar, yo miré a Dick y éste me miró a mí. Yo podía adivinar que él tampoco había sentido nada. Todo esto era una farsa.

La mujer nos miró a ambos con una sonrisa esbozada.

—No han sentido nada, ¿verdad?

Ambos contestamos moviendo nuestra cabeza.

—No, señora.

—Voy a orar por ustedes en un idioma que no van a entender. Mientras yo esté orando, ustedes mismos van a recibir un nuevo idioma.

Volvió a colocar sus manos sobre mi cabeza. No sentí nada, no vi nada ni escuché nada. Cuando hubo terminado de orar, me preguntó si podía oír o sentir dentro de mí algunas palabras que yo no comprendía. Pensé por un minuto y me di cuenta de que, efectivamente, había en mi mente ciertas palabras que nada significaban para mí. Yo estaba convencido de que estas extrañas palabras eran producto de mi imaginación, y así se lo hice saber a ella.

— Si usted las dijera en voz alta, ¿le parecería que estaba cometiendo una ridiculez? — preguntó ella.

— Por cierto que sí.

— ¿Estaría usted dispuesto a aparecer como un loco por causa de Cristo?

Esto hacía que el asunto se viera desde una perspectiva totalmente diferente. Por supuesto que yo haría cualquier cosa por Cristo, pero expresar en voz alta esas tonterías podía significar el desastre para mi futuro. Podía imaginarme a toda esa gente yendo por allí y contándole a todos que un capellán metodista había estado orando en una lengua desconocida. ¡Pudiera ser que hasta tuviera que dejar el ejército! Sin embargo, ¿qué haría si esto era lo que Dios deseaba que yo hiciera? De pronto, hasta mi carrera en el ejército pareció una cosa menos importante. Comencé a expresar en voz alta y en forma entrecortada las palabras que se estaban formando en mi mente.

Aún no me sentía nada diferente. Creí que Jesucristo me había dado una nueva lengua como señal de que me había bautizado en el Espíritu Santo, sin embargo los discípulos en Pentecostés habían actuado como si estuvieran borrachos. No había duda que habían sido sobrecogidos por alguna especie de sentimiento.

Observé a Dick; su experiencia parecía similar a la mía. Habló palabras en una lengua desconocida y creyó en la validez del hecho, pero no desplegó reacción emocional.

— La experiencia que han tenido está basada en la fe en un hecho, no sobre el sentimiento — dijo la dama, habiendo al parecer leído nuestros pensamientos.

Quedé sumido en profundas cavilaciones. *No me sentía* diferente en modo alguno, ¿pero es que acaso *era* diferente? Levanté la cabeza; acababa de ser impresionado con una sorprendente certidumbre.

— ¡Yo *sé* que Jesucristo está vivo! — dije —. ¡No es que simplemente lo crea, sino que *estoy absolutamente seguro de ello!*

¡Pero, por supuesto! La Biblia dice que el Espíritu Santo da testimonio de Jesucristo. Ahora yo sabía que eso era un hecho. Allí residía la fuente de la nueva autoridad que tenían los discípulos después de Pentecostés. Ellos no recordaban a un hombre que había vivido, y que murió, y que se había levantado otra vez. Ellos lo conocían en el tiempo presente porque los había llenado con su Espíritu Santo, ¡cuyo propósito principal es testificar de Jesucristo!

Súbitamente comprendí el horror de mi culpabilidad durante los últimos años. Y no era cosa solamente mía, sino de decenas de los así llamados cristianos que en los púlpitos o en las bancas diluyen el mensaje de la cruz y la posición central de Cristo.

Al mismo tiempo que contemplaba la magnitud de mi pecado, vi también a Cristo Jesús en todo su esplendor como mi Redentor. Lo vi exactamente del modo como siempre, en lo más profundo de mi corazón, había creído que era. Todas mis dudas y reclamaciones recientes fueron barridas por una onda de certidumbre gozosa. ¡Era glorioso! Nunca volvería a dudar de que Jesucristo era lo que El había dicho que era. Nunca volvería a cometer la torpeza de pensar que El era meramente un hombre, un hombre bueno, un ejemplo para ser seguido por nosotros.

Qué maravillosa verdad; Jesucristo viviendo en nosotros, su poder obrando por medio nuestro, El es la vid, su vida late en nuestro ser.

Alejados de El nada somos, nada podemos hacer por nuestros propios medios.

— ¡Gracias, Jesús!

Me puse de pie, y cuando estuve completamente erguido, ¡tuve una impresión repentina! De pronto sentí que estaba lleno, y aun hasta rebosando de un sentimiento de ternura y amor por todos los que estaban en aquella habitación.

A Dick tiene que haberle sucedido algo semejante al mismo tiempo. Vi brotar lágrimas de sus ojos, y sin decir palabra abrimos nuestros brazos y nos dimos un fuerte abrazo, al mismo tiempo que reíamos y llorábamos.

Miré a aquella apreciada dama con la que había estado tan disgustado nada más que un momento atrás, y me di cuenta de que la amaba. ¡Era mi hermana en Cristo!

Bajamos para el almuerzo y experimenté un amor

extraordinario por todos cuantos veía. Nunca antes había sentido nada igual.

Esa noche Dick y yo comenzamos a orar en una de las salas. La gente acudió para unírsenos y muy pronto la sala estaba repleta. Mientras orábamos, otros fueron llenos con el Espíritu Santo. En ese hotel resonaron gritos de gozo por causa de la gente que experimentaba la plenitud de la presencia de Cristo.

A las dos de la madrugada, Dick y yo tratamos de irnos a dormir. No hubo caso, estábamos demasiado excitados.

Yo dije:

— Dick, levantémonos y oremos un poco más.

Oramos durante dos horas más por todos los que conocíamos y luego alabamos a Dios por su bondad hacia nosotros.

5

POR SU PODER QUE ESTÁ EN VOSOTROS

Volví a Fort Bragg ansioso de compartir con todos la cosa maravillosa que me había sucedido. Con anterioridad yo me había preguntado cómo es que una experiencia semejante podría afectar mi ministerio. Yo recordaba perfectamente bien mi propia reacción al "emocionalismo pentecostal" en la iglesia.

Ahora yo sabía que fuese cual fuere la reacción, no podría quedarme sin compartir aquello que había experimentado.

El primer día fui hasta la sala de comando en la sede de nuestra compañía. El sargento primero estaba sentado detrás de su escritorio. Era grande y rudo y era bien conocido por sus maneras ásperas.

— Sargento primero — le dije —, ¿alguna vez antes le había dicho que Jesús lo ama?

Ante mi asombro, las lágrimas comenzaron a rodar por sus mejillas. Me dijo:

— No, Capellán, nunca usted me había dicho nada parecido.

Sentí que mi cara se ponía roja de vergüenza. Durante aproximadamente un año yo lo había visto varias veces al día y nunca le había dicho nada acerca de Jesús.

Salí al pasillo y allí me encontré con el sargento de aprovisionamiento.

— Sargento, ¿alguna vez le he dicho que Jesús lo ama y que yo también lo amo?

— No, señor, jamás me ha dicho usted nada parecido.

Me sentí avergonzado de nuevo, y él dijo:

— Señor, ¿podría concederme un minuto para conversar con usted?

Fuimos a mi oficina y él me presentó una serie de problemas que yo jamás me imaginé que tuviera. Cuando hubo concluido le pregunté si aceptaría a Cristo como su Salvador. Contestó que sí, y se arrodilló mientras las lágrimas surcaban sus mejillas.

Dondequiera que yo iba, los hombres aceptaban a Cristo. Parecía como si hubiera un poder en mí que estuviera hablando en mi lugar. Cuando yo comenzaba a hablar con alguien, no tenía idea alguna de lo que iba a decir, pero lo que saliera tenía un nuevo poder que atraía a los hombres a Cristo.

Era fácil servir a Dios de este modo. La tensión que había sentido en otro tiempo había desaparecido y podía reírme. El trabajo de predicación ya no resultaba una tarea ardua. Más bien era un verdadero gozo dejar que los pensamientos del Señor se vertieran a través de mí.

Todo el personal del ejército debe asistir a una clase de guía del carácter una vez al mes. Cuando como capellanes tenemos que enseñar esta clase, no se nos permite predicar. Usando de mucho tino, cierto día le dije a la clase que el Dios de nuestro país está vivo todavía y que contesta diariamente las oraciones. Después de la clase se me acercó un soldado raso, y con su nariz a quince centímetros de la mía, en forma casi insolente, dijo:

— Usted cree todo ese asunto, ¿no es verdad?

— Ciertamente — respondí.

— ¿Quiere decir que si usted ora en este momento Dios le contestará?

— Si — le dije —, sé que Dios lo hará.

— ¿Piensa usted que es malo fumar?

La pregunta era totalmente inesperada. Le contesté con evasivas.

— Para algunos puede ser malo, para otros no.

— He venido fumando desde la edad de catorce años — dijo el soldado —. Ahora fumo hasta tres paquetes al día y el doctor me ha dicho esta mañana que si no dejo de fumar, el cigarrillo me matará.

Le dije:

— Entonces no hay lugar a dudas; a usted le es pernicioso fumar.

— ¡Pídale a Dios entonces que me quite el vicio!

¿Cómo podía yo pedir algo semejante? En mi mente se arremolinaban las respuestas obvias destinadas a producir conformismo: Dios ayuda a los que se ayudan a sí mismos, él podía orar para que Dios lo ayudara a tener deseos de dejar el vicio. Pero eso no era lo que él me había pedido.

— Señor — oré en voz baja —, ayúdame a entender lo que debo hacer.

De inmediato sentí una fuerte impresión: "¡Ora en tu nueva lengua!"

— ¿En voz alta?

— No, en voz baja.

Comencé a orar en el idioma que había recibido en el retiro. Luego hice una pausa.

En ese momento tuve otra impresión:

— Pon tu mano sobre su hombro y ora.

Obedientemente puse mi mano sobre su hombro. — ¿Qué diré?

— Ora en voz queda en tu nuevo idioma.

Lo hice, y entonces vino de nuevo la impresión:

— Tradúcelo al inglés.

Sin siquiera pensarlo, abrí la boca y salieron las palabras:

— Dios, no permitas que vuelva a fumar mientras viva.

¡Qué oración! Si el hombre llegaba a fumar de nuevo, se convencería de que Dios no había contestado la oración. Me sentía extremadamente confundido, y girando sobre mis talones, me alejé del lugar.

En los días siguientes consulté repetidamente a Dios si acaso yo habría obrado equivocadamente. ¿No sería acaso mi error causa de que aquel hombre se volviera incrédulo? Vez tras vez sentía la reafirmación:

— Confía en mí.

El confiar en Dios aparentemente significaba presentarse en gran desventaja, sin tener otra cosa a la que aferrarse sino solamente la fe. Con renovada vehemencia me entregué al estudio intensivo de la Palabra de Dios. Si yo había de obrar por la fe, tendría que ser fe en la integridad y en la naturaleza misma de Dios. Yo *tenía* que *conocerle,* y me di cuenta de que mientras más leía, mi creencia se fortalecía. Nunca antes la lectura bíblica me había resultado tan excitante. De las páginas surgía un nuevo conocimiento del Dios omnipotente que prometió que podríamos hacer todas las cosas teniendo fe en Cristo. ¡Aquel que dice que el poder que está en nosotros es el mismo poder que levantó a Cristo de entre los muertos!

Pablo escribió en Efesios 3:20-21: "Y a Aquel que es poderoso para hacer todas las cosas mucho más abundantemente de lo que pedimos o entendemos, según el poder que actúa en nosotros, a él sea gloria en la iglesia en Cristo Jesús por todas las edades, por los siglos de los siglos. Amén."

Con todo cuidado, estudié las instrucciones de Pablo a la iglesia de Corinto. El enumera las varias formas conocidas por las cuales el Espíritu Santo habría de operar a través de los hombres: allí estaban el hablar en lenguas, la interpretación de lenguas, sanidades, milagros, profecía, predicación, sabiduría, conocimiento, fe, discernimiento.

¿Cómo iba a saber yo cuáles "dones" deseaba expresar Dios a través de mí? ¿Me habría dado El algunos dones especiales?

De nuevo vinieron a mi mente las palabras en Efesios: *"Aquel* que es poderoso. . . según el poder que actúa en nosotros."* No, yo no tenía don alguno. Todo lo que yo podía hacer era permitir que Dios operara por mi intermedio.

En otras palabras, mi parte era estrictamente ser obediente a las impresiones o impulsos que sintiera dentro de mí. Se decía que El podía hacer mucho más de lo que nos atreveríamos a pedir o imaginar.

Obviamente, no había manera de saber o anticipar lo que Dios quería que hiciera.

Cierta noche, en nuestro grupo de oración, hablé del poder de Dios para sanar nuestros cuerpos. Una dama me interrumpió.

— ¿Por qué no le pide a Dios entonces que sane a uno de nosotros?

Experimenté un sacudón. Era cierto que yo sabía que Dios podía oír y oiría la oración en favor de los enfermos. ¿Pero me oiría y me contestaría a mí?

— Conforme, — dije, en un repentino arranque de fe —. ¿Quién desea oración para ser sanado?

— Yo misma, — dijo la dama —. Uno de mis ojos ha estado lagrimeando durante varios meses. La medicina no me ha aliviado. Le ruego que ore para que yo reciba la salud.

Contuve el aliento, coloqué mis manos sobre su cabeza, y oré, reuniendo toda mi fe para creer que Dios la sanaría allí mismo. Cuando hube concluido, su ojo todavía lagrimeaba. ¿Habría cometido yo algún error? De nuevo vino a mí la confirmación interior.

— Confía en mí.

Era cierto, la fe significa creer algo que uno no ve. Todas las historias que yo había leído en la Biblia manifestaban eso en forma clara; la diferencia entre la victoria y la derrota era siempre un asunto de fe. Dios no podía hacer nada cuando los israelitas rehusaban creer. Las promesas contenidas en la Biblia se cumplen únicamente en la vida de aquellos que creen.

— Gracias, Señor, — dije en voz alta —, por oír nuestra oración.

Esa misma noche aquella dama me llamó.

— Capellán, ¿adivine lo que ha sucedido? — su voz vibraba de excitación.

— ¡Cuénteme!

— Yo estaba aquí sentada leyendo, cuando de repente me di cuenta de que algo le había sucedido a mi ojo. ¡Está completamente sano!

Yo estaba eufórico. — Gracias, Señor, — dije —. Te he comprendido. Yo creeré; tú harás el resto.

Un ministro presbiteriano de la localidad que había sido llenado con el Espíritu Santo se había manifestado poco dispuesto a contárselo a su congregación. El invitó a un miembro de nuestro grupo de oración para que diera su testimonio durante el servicio nocturno cierto domingo. Un grupo de varios de nosotros la acompañamos para estar en oración.

Al contar cómo ella, siendo de los bautistas del Sur, había sido bautizada en el Espíritu Santo, se hizo un profundo silencio en la iglesia. Era evidente que Dios estaba hablando a la gente. Al concluir el servicio, el pastor me pidió que orara para despedir el culto. Me puse de pie, pero en lugar de despedir a la congregación, yo comencé a pronunciar las primeras palabras que se me vinieron a la mente:

— Todos los que deseen venir al altar y rendir su vida a Dios, por favor, vengan al frente.

¡Silencio total! Nunca, en toda la historia de aquella iglesia, había habido un llamado al altar. Luego, una a una, las personas comenzaron a venir al frente, arrodillándose.

Me dirigí al primero que había venido. No sabía qué iba a decir en oración. Yo ni siquiera sabía por qué él había venido al frente. Incliné mi cabeza. Interiormente oré:

—Indícame cómo orar, Señor.

Escuché que se me decía: —Ora en el Espíritu.
—En voz muy baja oré en mi nuevo idioma.

—Ahora comienza a traducir lo que has dicho.

—Señor, perdona a este hombre por su intemperancia y su falta de honradez en los negocios.

Yo mismo estaba sorprendido de mis palabras. ¿Qué sucedería si me había equivocado? Podía ser causante de que las cosas se le complicaran a mi amigo ministro.

Me encaminé hacia la persona a continuación y seguí el mismo procedimiento.

—Señor, perdona a este hombre por su mal genio, por su mala voluntad, y por el trato egoísta que da a su familia.

Así fui de uno en uno, colocando mis manos sobre sus cabezas y orando oraciones de arrepentimiento y confesión, como era impulsado a orar.

Cuando hube concluido, me di cuenta de que había estado realmente arrastrándome con un solo pie, en fe absoluta.

Después de ser despedida, la gente vino hacia mí, uno a uno. Con lágrimas de gozo decían:

—Usted oró por lo que era mi necesidad precisa, ¿pero cómo supo usted mi problema?

Días más tarde el ministro me dijo que la congregación había sido revolucionada. Muchos de los que habían pasado al frente aquella noche eran ancianos y oficiales de la iglesia. Ahora toda la congregación estaba rebosante de entusiasmo, celo y gozo.

Yo me sentía con ganas de alabar a Dios a gritos. Yo no había sabido nada de los problemas que afligían a los hombres y mujeres de esa iglesia, pero Dios sí que los conocía. El conoce el corazón y la mente de todos nosotros, y puede hablar por medio de nosotros con un poder tal que ministrará a la necesidad precisa de cada individuo. Si la gente responde, no es la obra nuestra, sino suya. Si ellos rehúsan, tampoco tenemos que ser culpados nosotros de un fracaso.

Todos los días, y dondequiera que yo fuera, sucedía lo mismo. La gente respondía a Jesucristo. Siempre que yo recaía en el hábito de pensar con anticipación lo que le iba a decir a alguien, los resultados eran inmediatos. Me ponía tenso; el poder y la presencia de Dios simplemente no fluían. Era válido el principio de abandonar y dejar a Dios obrar. Todo lo que yo tenía que hacer era relajarme en la presencia de Dios, permitiendo que mi mente quedara en blanco y abriendo mi boca en fe para hablar cualquier cosa que Dios me indicara. Siempre las palabras estaban dirigidas a una necesidad directa, y siempre la persona era ayudada maravillosamente.

Yo estaba maravillado. Habiendo sido pastor durante muchos años, y habiendo trabajado con empeño, nunca había visto, sin embargo, que sucedieran tantas cosas en la vida de tantas personas en tan corto tiempo desde que Jesucristo invadió mi ser con la plenitud de su Espíritu.

Sin las presiones de tener que planear anticipadamente, y organizar, e investigar, y escribir notas para sermones, hallé que disponía de mayor tiempo para la lectura de la Biblia y la oración. Parecía como si súbitamente tuviera más energías que nunca antes, y nunca tenía la experiencia desalentadora de gastar tiempo en proyectos que luego resultaran inefectivos.

Mientras descansara en Cristo, parecía que Dios se encargaba de mis días, y todo detalle, todo compromiso, todo evento comenzaba a caer en su lugar de modo perfecto. No volví a experimentar confusión y conflictos de compromisos y de agenda.

Lo único que lamentaba era que me habría gustado haber descubierto esta experiencia de rendirme completamente a Dios muchos años antes.

Aproximadamente por este tiempo vino Oral Roberts a Fayetteville. Instalaron una gran carpa, y noche tras noche millares venían para oírle predicar y orar por los enfermos. Yo deseaba conocerlo personalmente, de modo que averigüé cuál de los ministros locales estaba a cargo del servicio. Fui a verle y me ofrecí para hacer cualquier cosa con el fin de ayudar.

El estaba asombrado de que un capellán metodista deseara mezclarse en eso. Nunca había logrado que lo ayudaran otros ministros, sino solamente los pentecostales.

Desde la noche de apertura, estuve en la plataforma de uniforme. Permanecía junto a Oral Roberts mientras él oraba por los enfermos, ¡y vi los cambios físicos que se efectuaban cuando los cuerpos eran sanados! ¡Qué gozo más grande!

Mis colegas capellanes comenzaron a decirme que si continuaba apareciendo en lugares semejantes y asociado con hombres como Oral Roberts, sería mejor que perdiera toda ilusión de "llegar a algún lugar" en la capellanía del ejército. Probablemente tenían razón, pero yo prefería obedecer a Dios y ver su poder claramente demostrado antes que andar buscando la aprobación temporal de los hombres.

La semana siguiente yo estaba echando una ojeada casual a una lista de capellanes que habían sido seleccionados para ser promovidos al grado de teniente coronel. Yo no había permanecido suficiente tiempo en el grado de mayor como para que me consideraran, ¡pero allí, en la lista, estaba mi nombre! Más tarde supe que el Ejército tiene atribuciones para promover hasta un cinco por ciento de sus oficiales antes de que lo merezcan de acuerdo con las reglas ordinarias.

Lo único que pude decir fue: — Gracias, Señor, por mostrarme que puedo depender de ti para todas mis necesidades.

La obediencia significó a veces ir contra los deseos expresados de la gente que venía para solicitar mi ayuda.

Un joven teniente del ejército vino a verme acompañado de su esposa.

— Ella querría recibir oración para el Bautismo en el Espíritu Santo, — dijo él.

Yo tuve un sentimiento interior muy desacostumbrado. Supe que esta joven había recibido ya esta experiencia. Ella no había dicho una palabra desde que entraron a mi oficina; sin embargo yo sabía que esto era efectivo. Dije:

— Usted ya ha recibido el Bautismo y no necesita que se ore para eso otra vez.

—¿Y cómo lo sabe? —ella parecía sorprendida—. Tanto que he deseado la experiencia, y he tratado de creer desde que oraron por mí para que la recibiera.

—Lo sé porque el Espíritu me lo dice, —le dije—. El también dice que antes que usted se ponga de pie, recibirá la evidencia de hablar en una nueva lengua.

Esto ya era demasiado, pensé. ¿Y si nada sucedía? Con seguridad que su fe sería trastornada. Pero interiormente yo me sentía muy seguro. Invité a ambos para que se me unieran en oración de acción de gracias por lo que Dios ya había hecho.

Antes de que yo hubiera terminado, oí cómo ella oraba suavemente en una nueva lengua. Estaba tan llena de gozo que casi flotaba al salir de la oficina.

Un día se presentó en mi oficina un joven soldado raso. Recordé la oración que había hecho por él: "Dios, no lo dejes que vuelva a fumar jamás." Su rostro estaba radiante.

—Señor, —exclamó—, usted no creería lo que me sucedió después que se apartó de mí.

Ya había visto suficientes hechos maravillosos en los últimos meses como para no creer cualquier cosa.

—Sí, lo creeré, —le dije—. Cuénteme.

—Cuando usted dio media vuelta y se marchó, yo me reí y pensé: "Esto va a ser fácil. Todo lo que tengo que hacer es fumar, y con eso probaré que Dios no contesta la oración." Me fui a las letrinas y encendí un cigarrillo, le di una buena chupada, e inmediatamente comencé a vomitar. Pensé que sería una coincidencia, probablemente algo que había comido. Aquella tarde intenté volver a fumar. Sucedió la misma cosa. Durante los tres días siguientes, cada vez que intentaba fumar, vomitaba. En la actualidad, si tan solamente pienso en fumar, me parece que voy a vomitar.

Yo estaba sumamente gozoso. Jesucristo prometió que el Espíritu Santo estaría con nosotros para guiarnos a toda verdad. Yo no había interpretado mal sus instrucciones.

Pocos días más tarde el soldado raso volvió a venir.

— Señor, ¿querría orar una vez más por mí?

— ¡Con todo gusto!

— Ore, por favor, para que Dios perdone mis pecados y me ayude a aceptar a Cristo como mi Salvador.

Unos minutos después estábamos ambos de rodillas y él aceptó gozosamente a Cristo.

Meses más tarde yo narraba este incidente en la Primera Iglesia Bautista de Columbus, Georgia. Terminado el servicio, un hombre vino a mí y me dijo:

— Yo trabajaba en la Administración de la 82a. División Aerotransportada cuando sucedió eso. ¡Ese hombre iba por toda la compañía hablando del capellán que había orado por él, impidiéndole fumar!

¡Qué maravillosa verdad! Dios no solamente salva, sino que habla muy en serio cuando dice que puede remodelarnos y hacernos conforme a su imagen. ¡El puede literalmente quitar nuestros antiguos hábitos, nuestros malos pensamientos, y renovarnos desde adentro!

hacía tan sólo un par de meses, pero sin embargo parecía que había vivido toda una vida en esta nueva dimensión.

Ahora yo había de tener un encuentro con el enemigo en toda su fuerza. Súbitamente fui víctima de una dolencia extraña. Toda mi vida yo había sido fuerte como un caballo y mi condición física había sido óptima. Ahora, cada vez que realizaba el más mínimo esfuerzo, mi corazón comenzaba a latir con rapidez. Yo estaba débil y completamente adolorido. De mala gana pasé una semana en cama. Mi condición no mejoró en absoluto. Fui al hospital para ver cuál sería el veredicto médico, y ellos me pusieron de inmediato en una camilla y de allí me llevaron a la cama. Los varios exámenes que me practicaron no revelaron absolutamente nada acerca de lo que era mi dolencia. Me sentía miserable, débil y adolorido, y en lugar de mejorar parecía empeorar. A este paso, pronto estaría muerto; todas mis energías parecían estar agotadas, y mi apariencia estaba muy desmejorada.

De súbito, una noche en que estaba pensando en que el fin parecía estar cerca, tuve una fuerte impresión:

— ¿Confías todavía en mí?

— Sí, Señor. — le respondí en la oscuridad de la habitación.

Una paz tranquilizadora comenzó a obrar en mí, y caí en un profundo sueño.

A la mañana siguiente me sentía mucho mejor. Los médicos insistieron en que permaneciera en cama por algún tiempo, y yo me sentí agradecido de disponer de algunos días para el estudio, la oración y la alabanza.

Cierto día estaba leyendo uno de los libros de Glenn Clark y de repente sentí aquella voz dentro de mí, interrogándome:

— ¿Estás dispuesto a vivir ahora como Jesús?

Lo único que podía hacer era contestar: — Sí, Señor.

— ¿Y qué me dices de tus pensamientos y deseos? ¿Son puros, acaso?

— No, Señor.

— ¿Querrías que lo fueran?

— Oh, sí Señor. Toda mi vida he luchado para vencer los pensamientos y deseos impuros.

— ¿Estarías dispuesto a entregarme tus pensamientos impuros?

— Sí, Señor.

— ¿Para siempre?

— Oh, sí Señor. Para siempre.

De repente experimenté la sensación de que me hubieran aliviado de una carga, como si una niebla se hubiera desvanecido y todo apareció limpio y puro. Se abrió la puerta de la sala y entró una enfermera joven. La seguí con los ojos. Era hermosa y el único pensamiento que se me vino a la mente fue: "¡Qué hermosa criatura de Dios!" ¡No había ni el más leve pensamiento de tentación!

Cuando regresé a casa, me reintegré al grupo de oración y tuve una fuerte sensación de pedirles que oraran por mí. Siempre había sido yo quien había orado por otros. Esta vez me senté en la silla que estaba en el centro del grupo, y ellos se prepararon para orar por mí.

—¿Qué quieres que le pidamos a Dios que haga?

Pensé por un momento, luego dije:

—Pídanle a Dios que me use más que nunca.

Fue como si se hubiera abierto una puerta para que yo lograra un mejor entendimiento de la persona de Jesús. El desea darse a sí mismo por cada uno de nosotros cada momento de nuestras vidas, en forma tan completa como se dio en la cruz. ¡Nada tenemos que darle nosotros, sino simplemente recibir de El!

6.

VIETNAM

En 1966 recibí órdenes de ir a Vietnam con el 80°
Grupo de Apoyo General, que estaba en aquellos
días establecido en Fort Bragg.

Nos embarcamos en San Francisco, y a medida
que nos alejábamos de la bahía y nos internábamos
en el mar, yo, que estaba de pie en cubierta, sentía la
paz de Dios dentro de mí y a mi alrededor. Yo estaba
consciente que ésta era la voluntad de Dios para mi
vida.

Inmediatamente inicié a bordo un grupo de oración, un estudio bíblico, y servicios regulares de
adoración. Estuvimos navegando durante veintiún
días, y cada día varios hombres aceptaron a Cristo.

El diablo susurraba con frecuencia en mi oído que
ellos hacían esto simplemente porque estaban
rumbo a Vietnam, y que sus decisiones realmente no
eran honestas.

Meses más tarde pude comprobar la falsedad del
diablo. Muchos de los hombres que hicieron sus
decisiones aceptando a Cristo, componían una
unidad que se apartó de nosotros tan pronto llega-

mos a Vietnam. Un día fui de visita a esa unidad y uno de los sargentos me vio. Prorrumpió en exclamaciones de gozo.

— ¡Gloria al Señor, capellán Carothers!

Me contó las cosas que Dios había estado haciendo. Fuimos juntos a ver a otros componentes de la unidad que habían aceptado a Cristo a bordo, y ellos me hablaron de las clases bíblicas que habían estado celebrando y de los hombres que habían conducido a Cristo.

— ¿Recuerda usted al teniente Stover? — preguntaron ellos.

— Sí, lo recuerdo.

Yo recordaba aquella tarde en que, de pie sobre la cubierta, él me había contado que había estado huyendo de Dios desde los tiempos en que estaba en sus estudios en el Colegio. Allí mismo rindió su vida a Cristo, y me dijo que tan pronto como saliera licenciado del Ejército, dedicaría su vida enteramente al ministerio.

— Ha comenzado un tremendo coro, y a los hombres les agrada cantar con él.

Me condujeron hasta donde se hallaba el teniente, y tuvimos un encuentro verdaderamente gozoso.

Tan pronto como llegué a la bahía de Cam Rahn, organicé un grupo de oración los sábados por la noche. Dentro de poco ya había veinticinco hombres reuniéndose semanalmente. Comencé desafiándolos a creer que Dios contestaría nuestras oraciones si solamente creíamos en El.

Durante varias semanas estuve pidiendo que hicieran peticiones específicas de oración. Por fin, cierta noche un oficial subalterno dijo:

— Bien, señor, yo tendría mucho agrado en que usted orara por mi esposa. Hemos estado casados por seis años y ella es tan contraria a la religión, que ni siquiera permitiría que diéramos gracias por los alimentos. No creo que vaya a tener mucho resultado el orar por ella, pero yo me alegraría si usted hiciera la prueba.

Esta era ciertamente una petición muy desacostumbrada, pero yo estaba llegando a comprender que Dios sabe hacer sus cosas. Pedí que los hombres se tomaran de las manos formando un círculo, y comenzamos a orar por nuestro primer milagro.

Ninguno de ellos había tratado jamás de creer en un milagro, pero estaban dispuestos a hacer la prueba. Yo había estado compartiendo con ellos todas las cosas maravillosas que Dios había estado haciendo en mi vida desde que recibí el Bautismo en el Espíritu Santo.

Próximos al campo de batalla en Vietnam, ellos estaban lejos de las distracciones del hogar y dispuestos a comenzar a investigar las cosas más profundas del Espíritu.

Dos semanas más tarde el oficial subalterno llegó hasta el grupo de oración con una carta en la mano. Las lágrimas corrían por sus mejillas mientras nos leía la carta:

"Querido, probablemente te cueste entender lo que ha estado sucediendo aquí en casa. Hace una semana yo estaba junto al lavaplatos en la cocina, era sábado por la mañana. Comencé a experimentar algo totalmente inusitado. Un gran letrero blanco comenzó a brillar en mi mente. Sobre el mismo, y con grandes letras negras, se leía la palabra "AVIVA-

MIENTO". Yo no podía quitarlo de mi mente. A pesar de que procuraba pensar en otras cosas, el letrero permaneció ante mí toda la mañana. Ya para el mediodía yo estaba realmente turbada. Llamé por teléfono a tu hermana y le pregunté si habría algún gran letrero de avivamiento en algún lugar de la ciudad. Se me ocurría que tal vez yo lo había visto en algún lugar. Ella dijo que no había un letrero como ése, pero que ellos tenían un avivamiento en su iglesia. Me preguntó:

— ¿No te gustaría asistir?

Le dije:

— Tú sabes que nunca asisto a tales cosas.

Pero ese letrero no me abandonaba, y al llegar la noche la impresión era tan fuerte, que llamé a tu hermana y le pregunté si podía acompañarla. Durante el servicio se hizo una invitación, y yo pasé al frente. He demorado una semana en comunicarte esto, pues quería tener la seguridad de que era efectivo que yo le había entregado mi vida a Cristo. Pero querido, ¡es cierto! Hoy he sido bautizada y estoy sumamente alegre. Esperaré con ansias que vuelvas a casa para que podamos tener un hogar cristiano de verdad."

— Capellán, — dijo el oficial —, ¿sabe usted qué hora era aquí cuando en mi casa era sábado por la mañana?

Moví la cabeza negativamente.

— Sábado por la noche, cuando comenzamos a orar por ella. Fue entonces cuando ella comenzó a ver el letrero. ¿Y recuerda usted el domingo por la mañana?

— Sí, lo recuerdo.

El había pasado al frente cuando se dio la invitación al concluir el servicio de adoración de la mañana. Yo le había dicho que pensaba que él era ya cristiano, y él contestó:

—Sí, señor, lo soy, pero mientras estaba allá atrás, tuve una fuerte sensación de que si pasaba al frente, ayudaría con ello de algún modo a mi esposa.

En este momento me miró, mientras sus lágrimas corrían libremente.

—Capellán, ¿se da cuenta de la hora que era en ese momento en mi casa?

Fue entonces cuando comprendí. Eso correspondía al sábado por la noche. Esa era la noche en que su esposa había aceptado a Cristo. Nuestro grupo de oración experimentó una sacudida eléctrica. Las lágrimas corrieron por las mejillas de muchos. Esos hombres estaban aprendiendo por sí mismos que Dios contesta la oración.

Junto al oficial subalterno estaba sentado un sargento negro. Pude darme cuenta de que estaba profundamente atribulado. Le pregunté:

—¿Qué sucede?

—Señor, mi esposa es como la de él. No está dispuesta a aceptar religión de ninguna clase en nuestro hogar. He estado pensando que si yo hubiese tenido un poquito de fe hace dos semanas, también habríamos orado por mi esposa, y probablemente le habría sucedido la misma cosa.

¡Qué coincidencia! En un lugar tan lejano como Vietnam había dos soldados con el mismo problema poco común. Con entusiasmo dije:

—Pues, vamos a orar ahora mismo por tu esposa.

—Señor, creo que he perdido mi oportunidad. Ahora ya no tengo fe para orar.

—Es que no necesitas depender de tu fe solamente, —le dije—. Solamente pon tu confianza en nuestras oraciones, y nosotros ejercitaremos la fe que a ti te falta.

Unimos nuestras manos y comenzamos a orar. Entre los hombres había un nuevo fervor. Habían comenzado a ver por sí mismos que Dios oye y contesta.

A la mañana siguiente yo estaba en mi oficina cuando el sargento entró como una tromba con una carta en su mano y con una gran sonrisa.

—No me vas a decir que ya has tenido respuesta, —le dije en broma.

—¡Claro que sí!

El hombre parecía fuera de sí. De pronto fulguraron en mi mente las palabras: "Y antes que clamen, responderé yo." ¿Sería éste el caso?

—¿Qué dice la carta?

Era casi un duplicado de la que habíamos oído la noche anterior. También la esposa del sargento había sido salvada, bautizada, y aun hasta estaba enseñando una clase en la Escuela Dominical.

—Oh, Señor, —dije en un susurro—, ¡te amo, te amo, te amo!

Un sábado por la noche llegó al grupo un nuevo oficial. A las claras no simpatizaba con nuestra manera de orar.

—Capellán, si Dios está verdaderamente contestando la oración, ¿por qué es que no hace algo importante?

—¿Qué es lo que usted consideraría importante?

— le pregunté suavemente.

— Desde el primer día que nuestro hijito pudo pararse, se miraba los pies y comenzaba a llorar de dolor. Lo hemos llevado a todos los doctores y especialistas de la zona. Le hemos comprado calzado especial, muletas, vendajes, pero nada resulta. Ahora tiene siete años y cada noche mi esposa tiene que ponerle los pies sobre una almohada y darle masaje antes de que él se vaya a dormir. ¿Por qué Dios no hace algo en su favor?

Conteniendo el aliento le pedí a Dios que me indicara cómo orar; luego dije:

— ¡Vamos a orar y Dios lo sanará! — yo estaba muy confiado —. Usted no cree, pero nosotros sí, y Dios lo sanará. Unase a nuestro círculo y oremos.

Los hombres oraban con hambre renovada de ver la manifestación de Dios. Esta era una tercera petición por alguien que estaba en el hogar lejano. Yo estaba seguro que Dios lo había hecho.

Dos semanas más tarde llegó otra carta:

> Querido:
> He dejado pasar una semana antes de contarte algo que es casi demasiado bueno como para ser cierto. Hace una semana noté que, por primera vez en su vida, Pablo no mencionó sus pies ni una sola vez durante el día. Aquella noche se fue a acostar sin poner la almohada bajo sus pies. Yo deseé escribirte inmediatamente, pero tuve miedo de hacerte alimentar esperanzas falsas. Al día siguiente sucedió lo mismo. Ahora ha pasado toda una semana, ¡y él no se ha quejado de que le dolieran los pies!

— Capellán, me cuesta creerlo, — dijo el oficial, luchando para contener las lágrimas —. ¡Pero el día en que los pies de mi hijo dejaron de dolerle fue el día en que oramos por él!

Después de eso, y durante meses, cada vez que yo veía a este oficial, él levantaba los brazos y decía:

—¡Todavía no le duelen los pies!

De allí en adelante nuestros hombres comenzaron a crecer en fe. Las oraciones contestadas seguían en aumento. Otros hombres vinieron a nuestro grupo para oír las cosas maravillosas que estaban sucediendo. Yo comencé a leer cartas e informes de oraciones contestadas desde el púlpito los domingos por la mañana, y diariamente los hombres me saludaban al pasar y me preguntaban a gritos:

—¿Hay algún nuevo milagro, capellán?

A menudo yo respondía:

—El mayor de todos los milagros; ¡otro hombre ha aceptado a Cristo y ha recibido vida eterna!

Debido al movimiento del Espíritu entre nosotros, muchos hombres fueron conducidos a Cristo.

Cierta mañana de domingo yo había hecho la invitación de aceptar a Cristo y muchos habían venido al frente para orar. Después del servicio me fui a mi oficina para pasar algunos minutos a solas con el Señor. Ya me disponía a irme, cuando un sargento irrumpió bruscamente en la oficina y cayó de rodillas en medio de la habitación.

—Por favor, ore por mí, — clamó angustiado.

Luego comenzó a confesar pecados de inmoralidad, de adicción a las drogas y alcohol, despreocupación por su esposa y por sus hijos. Estas confesiones fueron saliendo una tras otra acompañadas de lágrimas de arrepentimiento. Cuando hubo terminado, le dije que Dios lo amaba y que había enviado a Jesucristo para que muriera en la cruz por cada uno de esos pecados que él había confesado. Le dije:

— Todo lo que usted tiene que hacer es aceptar a Cristo como su Salvador, y Dios le dará vida eterna y perdón completo.

— Lo acepto, lo recibo.

Sollozó, y una sonrisa de paz y de gozo inundó su rostro, al mismo tiempo que comenzaba a agradecer y a alabar a Dios.

Más tarde me contó lo que lo había llevado corriendo hasta mi oficina. Aquella mañana temprano había pasado cerca de la capilla mientras se dirigía al cambio de guardia. De repente sintió una urgencia por entrar. "Esto es una locura", pensó, "hace seis años que no he estado dentro de una iglesia; no tengo razón alguna para entrar ahora." Prosiguió su camino hacia el cambio de guardia, pero había algo que lo tiraba con insistencia para que volviera. Finalmente se decidió a ir a la capilla en donde el servicio estaba en pleno desarrollo. Estuvo sentado hasta el final, y cuando la congregación se puso de pie para cantar el último himno, él se dio cuenta de que estaba temblando de tal modo, que no podía mantenerse en pie si no se sostenía de la silla que estaba ante él.

Tenía miedo de que en cualquier momento fuera a caer al piso, y sentía un poderoso impulso de pasar al frente y de entregarle su vida a Dios. Se dijo a sí mismo:

— ¡No puedo!

Salió de la capilla. Una vez en la calle, sus piernas comenzaron a flaquear y le pareció que no podría seguir caminando mucho más. Una voz en su interior le decía que ahora era su oportunidad. Debía obedecer a Dios, o de otro modo Dios le enviaría la muerte. Sin esperar más, se volvió y corrió de vuelta hacia la capilla e irrumpió en mi oficina.

Uno de nuestros capellanes era un bautista del Sur. Eramos buenos amigos y él amaba al Señor, pero estaba terriblemente espantado por el énfasis que yo ponía en el Espíritu Santo. Las ideas de sanidad por fe, de echar fuera demonios y espíritus malignos, de ser lleno del Espíritu Santo, y de experimentar los dones del Espíritu le eran totalmente extrañas. Asistió a una de nuestras reuniones de oración, pero luego pidió que lo disculpáramos si no volvía a asistir a ninguna otra.

Lo que a él particularmente le molestaba era la forma en que uno de nosotros se sentaba en una silla en medio de un círculo, mientras los demás colocaban sus manos sobre él, orando que Dios supliera sus necesidades particulares. Nunca había visto hacer esto antes, y le parecía que era algo no cristiano.

Por medio de los hombres que asistían con regularidad al grupo, él oyó acerca de las cosas que estaban sucediendo. Hombres que estaban desanimados, derrotados, y ya listos para rendirse, habían pedido que se orara por ellos. Le contaron de cómo habían experimentado liberación total de sus cargas. Después de sentarse en la silla y que otros oraron por ellos imponiéndoles la manos, habían sido llenados de una paz y gozo que eran duraderos. Le contaron cómo Cristo había llegado a ser más real para ellos de ese momento en adelante.

Poco a poco, estas cosas estaban afectando al capellán. Comenzó a darse cuenta de que Dios opera de muchas maneras, aun en maneras muy diferentes de las que él había visto y experimentado antes. Entonces sucedió algo inesperado.

Un capellán de otra unidad en el frente de batalla resultó muerto. Mi amigo fue llamado a tomar su lugar inmediatamente. Como era natural, estaba un poquito preocupado y vino hasta mi oficina para despedirse. Tartamudeando, confesó que el ministerio a través de nuestro grupo de oración había llegado a tener gran significación para él. Luego se arrodilló en el piso, mientras las lágrimas fluían de sus ojos. Tomó mis manos y las colocó sobre su cabeza.

—Merlin, por favor, ora por mí de la manera como lo hacen ustedes.

Suavemente comencé a orar por él en lenguas, y mientras yo oraba, él comenzó a ser lleno de gozo y de paz. Riendo en medio de sus lágrimas, me dijo cómo todos sus temores se habían desvanecido. Estaba listo para ir a las líneas de combate.

Pocas semanas más tarde me llamó para decirme que casi había sido muerto en un accidente de helicóptero, el primer día que llegó a su unidad.

—Aun entonces yo solamente sentía un amor desbordante y confianza en Jesucristo — dijo él —. Mi unidad se trasladó al norte, a Chu Lai y se unió a la División Americal. Ahora nos hallábamos, junto con los Marinos, en el centro mismo de la batalla. Presencié muchísimas evidencias del poder de Dios protegiendo a sus hijos. Cuando confiamos en El, no hay poder en el mundo que pueda tocarnos, a menos que sea por voluntad de El.

En varias oportunidades cuando yo tenía fijado ir a ciertos lugares, sentí un impulso de último momento de cambiar mis planes. Más tarde descubrí que cada vez que obedecí un impulso semejante, había evitado un incidente en el cual podría haber resultado muerto.

Cierta vez debía celebrar un servicio en una playa, para hombres que estaban descargando bombas de quinientas libras. En el último minuto fui impresionado fuertemente para suspender el servicio. Exactamente a la misma hora y en el mismo lugar en que debíamos reunirnos, las bombas allí almacenadas reventaron. Si nos hubiésemos reunido allí, muchos de los hombres habrían muerto.

Un viejo amigo, el capellán Burton Hatch, era capellán de división de la División Americal. El me invitó a un servicio un domingo por la noche; a la conclusión del servicio varios hombres vinieron al frente para aceptar a Cristo. Oré con cada uno de ellos.

A la mañana siguiente uno de los hombres volvió a la capilla. Su aspecto era deplorable; las ropas mojadas y sucias y su cabello desordenado. Sin embargo su rostro resplandecía y repetía una y otra vez:

— ¡Gloria al Señor; gracias Jesús!

Aquella mañana temprano, él y otros cinco hombres habían sido equipados con lo necesario para un asalto de combate: granadas de mano, cinturones con balas pendientes de sus cuellos, y con chaquetas pesadísimas. Subieron a bordo del helicóptero y pusieron rumbo al norte, junto a la costa y sobre el mar de la China. El piloto estaba volando demasiado cerca del agua, y de pronto una inmensa ola alcanzó a uno de los deslizadores del aparato. Dando una violenta voltereta el helicóptero se volcó y se sumergió en el mar. Los hombres fueron lanzados en todas direcciones.

El joven soldado comprendió de pronto que estaba bajo el agua y que estaba yendo rápidamente hacia abajo. Trató de nadar hacia la superficie y consiguió aspirar un poco de aire antes de volver a sumergirse, debido a la pesada carga del equipo que tenía puesto. Trató desesperadamente de librarse, pero no lo consiguió. Al comenzar a hundirse, recordó súbitamente que había aceptado a Cristo la noche anterior. Estaba listo para morir, y se sintió invadido de una gran paz de mente y corazón. Ya no le importaba si podía librarse o no de la pesada carga. Una vez más volvió a la superficie y otra vez volvió a sumergirse. La tercera vez que llegó arriba, comprendió que sus fuerzas se habían agotado y que pronto estaría con su Señor. ¡En ese mismo momento sintió cómo el equipo se deslizaba de su cuerpo! Comenzó a nadar hacia la playa y allí descubrió que era el único sobreviviente.

Después de varios meses en Chu Lai fui trasladado al sur a Quin Yhan, para prestar servicios en el 85o. Hospital de Evacuación. Nos traían hombres que habían sido heridos sólo pocas horas antes. Vez tras vez vi el poder de Dios obrando. Estos hombres estaban dispuestos a aceptar a Cristo. Uno tras otro, los hombres me contaban que habían sido salvados de la muerte por un poder que estaba más allá de su comprensión. Yo les preguntaba:

—¿Qué era eso?

La respuesta de ellos era:

—No puedo explicarlo. De repente, cuando yo sabía que iba a morir, me di cuenta de que había un tremendo poder rodeándome. Tuve entonces la seguridad de que estaba a salvo. Supe que se trataba de Dios, y que El no permitiría que muriera.

A menudo los hombres me preguntaban por qué Dios los había elegido para salvarlos. Yo les decía que El tenía algún propósito especial para sus vidas y que El lo revelaría en la medida en que ellos escucharan su voz.

Yo iba de cama en cama, hablando a los muchachos, y a menudo me sentía dominado por la emoción. Los veía destrozados, sangrantes, y en algunos casos, agonizantes, pero nunca oí que alguien se quejara. Todos tenían la convicción de que el trabajo que habían estado haciendo era importante, y que por alguna razón habían sido salvados de la muerte. Observé cómo las enfermeras volvían llorosas al ver la fortaleza y el coraje de esos hombres. A pesar del mucho dolor que sentían, sonreían y decían:

—Estoy bien.

Una noche una enfernera me llamó al hospital para que atendiera a un mayor de ejército. Cuando él me vio, comenzó a llorar. Estaba cubierto de vendas. Durante diez minutos estuve a su lado, mientras él trataba de contener las lágrimas. Yo me preguntaba cuál sería el problema. ¿Le habrían dicho que sus piernas tenían que ser amputadas? Estas estaban totalmente cubiertas de vendajes y tenían la apariencia de estar seriamente dañadas.

Tal vez había recibido noticia de que alguien en su

casa estaba seriamente enfermo.

Por fin el mayor logró dominarse y comenzó a contarme una sorprendente historia.

Sólo pocas horas antes había sido pasajero de un helicóptero. Habían sido alcanzados por fuego desde tierra y se estrellaron en la espesura de la selva. Seis hombres quedaron desparramados al pie de una montaña. Cuando el mayor volvió en sí, se dio cuenta de que estaba seriamente herido y no podía moverse. Podía oír los lamentos de los otros hombres que estaban también impedidos de moverse. A la distancia oyó disparos de rifle. Los soldados del Viet Cong estaban aproximándose al lugar en que habían visto caer el aparato. Se movilizaban con el fin de capturar a los americanos. Probablemente practicarían el cruel deporte de torturarlos hasta que murieran.

Trató de orar, pero se dio cuenta de que no sabía cómo hacerlo. Había asistido a la iglesia durante toda su vida, pero jamás había hablado en verdad con Dios. Pero de pronto "sintió" que alguien decía:

—¡Pide solamente, y cree!

En un arranque de angustia, y con una fe recién adquirida exclamó:

— ¡Oh, Dios, por favor, ayúdame!

Advirtió que por primera vez en su vida había hablado con Dios. Aún podía sentir a los soldados del Viet Cong que se aproximaban.

A varias millas de distancia, otro helicóptero del ejército volaba hacia el norte. El piloto relató esta historia más tarde: Sintió un repentino y poderoso impulso de volverse y poner rumbo al este. *¿Pero por qué?*, razonó. Su destino era el norte. Contrariando todas las reglas militares, giró en noventa grados y puso rumbo al este. Sintió entonces un impulso todavía más fuerte de volar más bajo y más lentamente. Esto era todavía más ilógico que su primer impulso, y contrario a todas las reglas de vuelo sobre territorio hostil. El debería estar volando alto, o bajo, pero rápidamente. Sin embargo, el impulso era tan fuerte que bajó hasta el nivel de la copa de los árboles, y de manera extraña él se dio cuenta de que estaba buscando algo. ¡Allí estaba! Súbitamente localizó los restos de un helicóptero desparramados en la selva.

El no tenía idea del tiempo que eso tenía allí, pero se sintió compelido a efectuar una averiguación. La selva era tan espesa que era imposible aterrizar. Mientras él volaba en círculos sobre las copas de los árboles, un miembro de su tripulación se descolgó por una cuerda. Cuando este hombre llegó a tierra, se encontró con los hombres heridos. Uno por uno él los ató a la cuerda y los izaron hasta el helicóptero. Cuando el último hombre fue elevado hasta el helicóptero, se aseguró él mismo y también fue izado. Cuando despegaba los pies del suelo, llegaron los del Viet Cong y comenzaron a dispararle. El piloto vio lo que estaba sucediendo, y tan pronto como el hombre hubo sobrepasado la altura de los árboles, él maniobró para elevar y alejar el helicóptero.

Pocos minutos después los heridos estaban a salvo en el hospital.

Cuando el mayor hubo concluido su historia, tomó mi mano y me dijo:

— Capellán, todo lo que yo deseaba era que usted viniera y me ayudara a agradecerle a Dios por su bondad para conmigo. ¡Voy a servirle por el resto de mi vida!

7.

¡REGOCIJO!

Regresé de Vietnam en 1967 y fui enviado a Fort Benning, en Georgia. Veintitrés años antes yo había salido de ese lugar en calidad de prisionero, y esposado. ¡Ahora volvía como capellán! Era difícil recordar siquiera cómo me había sentido entonces.

Fui designado como capellán de brigada para las veintiuna compañías de aspirantes a oficiales y para las veintiuna compañías de aspirantes a oficiales sin comisión. ¡Qué oportunidad de conducir a Cristo a los futuros dirigentes militares!

Era un desafío excitante, y sin embargo estaba consciente de mis limitaciones. Yo había llegado a ver el poder y la presencia de Dios dentro y alrededor de mí, pero a menudo me comportaba como un vaso inapropiado.

Yo experimentaba días de desaliento, y sabía que esto no era el plan y la voluntad de Dios para mi vida.

Escudriñé las Escrituras en busca de la clave. En Juan 17 encontré la oración de Jesús al Padre en favor nuestro, sus seguidores. El oró de esta manera: "...que tengan mi gozo cumplido en sí mismos."

¡Eso era lo que yo quería! El gozo del Señor, no solamente cuando las cosas resultaban bien, sino siempre. Jesús oró para que yo lo tuviera, entonces ¿qué era lo que me impedía experimentarlo continuamente?

En Mateo 25:21 yo leo: "...sobre poco has sido fiel, sobre mucho te pondré; entra en el gozo de tu Señor."

De modo que era cuestión de que yo entrara. Yo tenía que hacerlo; no se me concedía en forma automática. ¿Pero cómo hago para entrar, Señor?

En Lucas 6:23 Jesús nos dice que debemos gozarnos... y alegrarnos. Aun nos dice cuándo es que esto debe ocurrir: Cuando tengamos hambre... cuando los hombres nos aborrezcan... cuando los hombres nos vituperen... cuando consideren nuestro nombre como malo... Es en aquel día que debemos regocijarnos... y alegrarnos. Yo no había advertido esto antes en la Biblia.

—¿Acaso esperas que yo salte de gozo bajo tales circunstancias, Señor?

Para mí no tenía mucho sentido, pero mientras más leía mi Biblia, mayor era el número de escrituras que descubría que decían la misma cosa. ¿Habría alguna ley involucrada en todo esto?

Leí la segunda epístola de Pablo a los Corintios. En el capítulo 12:9-10 dice: "Por tanto, de buena gana me gloriaré más bien en mis debilidades, para que repose sobre mí el poder de Cristo. Por lo cual, por amor a Cristo me gozo en las debilidades, en afrentas, en necesidades, en persecuciones, en angustias; porque cuando soy débil, entonces soy fuerte."

Las debilidades eran precisamente las cosas en las cuales no me había estado gozando. No me gustaba cuando la gente se tornaba en mi contra; no me gustaba cuando sucedían accidentes y las cosas andaban mal.

Pero una vez tras otra hallaba las palabras en mi Biblia: "¡Regocijaos! Dad gracias a Dios en todo." El salmista hablaba continuamente de experimentar gozo en medio de las tribulaciones. David, en el Salmo 30 dice: "Has cambiado mi lamento en baile."

Yo estaba dispuesto a probar, ¿pero cómo?

Cierta noche, en medio de un pequeño grupo de oración, comencé a reír. Reí durante quince minutos, y mientras estaba riendo, oí que Dios me hablaba:

— ¿Te alegra que Jesús haya muerto por tus pecados?

— Sí, Señor. Me alegra, ¡muchísimo!

— ¿Te sientes bien al pensar que El murió por tus pecados?

— Sí, Señor, ¡así es!

— ¿Te hace sentirte feliz el saber que El te ha dado vida por medio de su muerte?

— ¡Sí, Señor. Me siento feliz!

— ¿Tienes que hacer un gran esfuerzo para sentirte feliz porque El murió por ti?

— No, Señor. Estoy lleno de gozo.

Yo sabía que Dios quería que yo comprendiera lo fácil que era alegrarse porque Cristo murió por mí. Yo podía palmear las manos de contento, reír y cantar acciones de gracias por lo que El había hecho por mí. Nada en mi vida era más importante, nada podía proporcionarme más gozo.

Continué riendo, pero en mi interior todo había quedado en silencio. Yo sentía como si Dios estuviera a punto de enseñarme algo que jamás antes había conocido. Dios dijo:

— ¿De veras te alegra que ellos tomaran a mi Hijo y le atravesaran clavos en las manos? Te alegra muy de veras, ¿no es cierto? Te alegra que ellos se apoderaran de mi Hijo y le clavaran clavos en los pies. Te alegra de veras que ellos atravesaran una lanza en su costado y que la sangre fluyera de su cuerpo y goteara sobre la tierra. Te alegra muy de veras y te ríes con hilaridad porque le hicieron todo esto a mi Hijo, ¿no es cierto?

Todo quedó en silencio. Yo no sabía cómo responder.

— Te alegra que hayan hecho todo esto con mi Hijo, ¿no es verdad?

Finalmente me vi forzado a responder:

— Sí, Señor, efectivamente me alegra. No lo entiendo, Padre, pero me alegra.

Por un momento me quedé en suspenso, pensando que tal vez había dado una respuesta errónea, tal vez no había entendido bien.

Luego, para alivio mío, le oí decir:

— Sí, hijo mío, ¡yo quiero que tengas alegría! ¡Tu alegría me parece buena!

Volví a reír, y mi gozo interior aumentó al darme cuenta de que Dios quería que yo estuviera alegre. Luego todo volvió a quedar muy quieto de nuevo, y pude darme cuenta de que estaba a punto de aprender algo nuevo.

— Ahora escucha, hijo mío. Durante el resto de tu

vida, siempre cuando te suceda algo que sea una cosa menos difícil que lo que hicieron a mi Hijo, yo deseo que tú estés tan alegre como la primera vez en que te pregunté si estabas alegre de que Cristo hubiera muerto por ti.

—Sí, Señor, comprendo. Por el resto de mi vida voy a ser agradecido. Te alabaré, me regocijaré, cantaré, reiré, gritaré, estaré lleno de gozo por todo cuanto Tú permitas que venga a mi vida.

En ese momento era fácil prometer regocijarse; estaba pasando por un maravilloso tiempo de oración, y el gozo fluía sobre mí y a través de mí como un arroyo.

A la mañana siguiente yo estaba sentado al borde de mi cama cuando escuché una voz:

—¿Qué haces?

—Estoy aquí sentado deseando que no tuviera que levantarme.

—Yo pensaba que anoche habíamos llegado a un acuerdo.

—¡Pero, Señor. No pensé que Tú pudieras referirte a cosas como ésta!

—Recuerda lo que dije: "En todas las cosas."

—Pero, Señor, debo ser honesto contigo. Durante veinte años he venido sentándome al borde de mi cama cada mañana, expresando el deseo de no tener que levantarme. Siempre he pensado en lo maravilloso que sería si tan solamente pudiera quedarme acostado por otros cinco minutos.

Pero el Espíritu dijo:

—Se supone que deberías estar agradecido de que sea hora de levantarse.

—Señor, eso está un poquito más allá de mi comprensión.

El Señor es siempre muy paciente y bondadoso:

— ¿Querrías tener tan buena disposición?

—Sí, Señor. Me gustaría.

Esa noche al acostarme hice la siguiente oración:

—Señor, esto es algo duro para mí, tendrás que ayudarme. Puedo levantarme en cualquier momento en que me lo ordenes, pero no veo cómo podría estar agradecido de que sea hora de levantarse.

Todo lo que pude oír fue:

— ¿Quieres tener la capacidad de hacerlo?

—Sí, Señor, me gustaría.

A la mañana siguiente, al despertarme, la primera cosa que se presentó a mi mente fue el dedo gordo de mi pie derecho. Oí que se me decía:

—Fíjate si puedes moverlo. —Podía.

— ¿No estás agradecido de poder moverlo?

—Sí, Señor.

—Ahora prueba con tu tobillo; ¿estás agradecido?

—Sí, Señor.

—Ahora tu rodilla; ¿estás agradecido?

—Sí, Señor.

—Ahora haz la prueba de sentarte.

—Sí, Señor, puedo. Pero tengo que ser honesto contigo; tadavía pienso que me gustaría volver a acostarme y dormir otro poco.

Muy pacientemente El dijo:

—Mira si puedes pararte; ¿estás agradecido? Ahora prueba caminar hasta el baño. Mírate al espejo. ¿Estás agradecido de poder ver?

— Sí, Señor.

— Ahora di algo.

— ¡Aleluya!

— ¿Te alegras de poder hablar y oír?

— Sí, Señor.

Entonces todo quedó muy silencioso. Me di cuenta de que de ese silencio yo iba a aprender algo de Dios.

— Hijo mío, porque te amo voy a enseñarte a ser agradecido por todo. Tú puedes aprender estando parado allí mismo, con todas las cosas por las cuales estás agradecido, o yo voy a hacerte volver a la cama y no te voy a dejar moverte, ver ni oír hasta que aprendas.

Di un salto de dos pies de altura en el aire y dije:

— ¡Ya lo entiendo, Señor! ¡Gracias! Siempre seré agradecido.

A la mañana siguiente, y a la siguiente, y a la siguiente, la primera cosa en que pensaba al despertarme era: "Señor, estoy agradecido." Nunca he vuelto a sentir pena de que sea hora de levantarse.

Pablo dijo: "De buena gana me gloriaré más bien en mis debilidades." Para mí, el levantarse por la mañana había sido una debilidad. Dios me dijo que la tomara y la invirtiera de dolor en gozo, y cuando lo hice, el poder de Cristo y su gozo vinieron sobre mí.

No podía aguantar las ganas de compartir mi descubrimiento con otros, pero el Espíritu me lo impidió; primeramente debía aprender por mí mismo, más allá de toda duda, a tornar toda situación difícil en gozo.

Memoricé y repetí para mí mismo una y otra vez el pasaje de 1 Tesalonicenses 5:16-18. "Estad siempre

gozosos. Orad sin cesar. Dad gracias en todo, porque esta es la voluntad de Dios para con vosotros en
Cristo Jesús."

Un día al aproximarme a un semáforo, la luz
cambió a amarillo, pero me las arregé para pasar,
legalmente. Al hacerlo, una sonrisa de gratitud apareció en mi rostro. Sentí la presencia de Dios, y El
dijo:

— ¡Quieto!

La sonrisa se heló en mi rostro.

— ¿Por qué estás tan feliz?

— Señor, porque logré pasar esa luz, gracias.

— ¿Qué habrías hecho si la luz se hubiera cambiado en roja con mayor rapidez, y hubieras tenido
que detenerte?

— Señor, probablemente habría regañado un
poco y habría deseado que me hubiera esperado
hasta que yo pasara.

— ¿No sabes que yo controlo los semáforos? Yo
controlo el universo y aun el tiempo mismo. La
próxima vez que una luz cambie al rojo, debes mostrar tu agradecimiento. Sabrás que fui yo quien hizo
que cambiara al rojo.

La próxima vez que la luz cambió al rojo, yo miré
hacia arriba y le pregunté a Dios qué era lo que El
deseaba que hiciera con el tiempo.

— ¿Ves a aquel hombre que está cruzando la
calle? El necesita tus oraciones con urgencia. Allí
donde estás sentado, ora por él.

Decimos que creemos en Dios. ¿Pero creemos
verdaderamente que El controla cada detalle de
nuestra vida, o acaso pensamos que El está ocupado en asuntos más importantes? Jesús dijo que

Dios sabe cuantos cabellos tenemos en nuestra cabeza. ¿Por qué no habríamos de creer entonces que El está más íntimamente preocupado con cada detalle de nuestras vidas que lo que lo estamos nosotros? ¡Para decir la verdad, yo no sé cuántos cabellos hay en mi cabeza!

Dios está controlando todo y haciendo que todo resulte en bien para aquellos que le aman. (Romanos 8:28.)

Yo estaba comenzando a confiar en Dios en mayor forma, ¿pero y qué había de Satanás? ¿Es que acaso puede él introducirse y atacarnos contra la voluntad de Dios?

Dios permitió que Satanás entrara en Judas para que traicionara a su Hijo. Dios permitió que Satanás debilitara de tal modo a Pedro, que éste llegó a negar que hubiera conocido a Jesús. El permitió que Satanás entrara a los corazones de los hombres que urdieron la intriga para crucificar a Jesucristo. Dios podía haberlos detenido en cualquier momento. El pudo haber enviado diez mil ángeles para desbaratar cualquier plan de Satanás. Pero Dios no lo detuvo. Porque El sabía que cuando todo el pecado y el sufrimiento pasaran a través de Jesús, resultaría en puro gozo, alabanza y victoria.

Satanás no puede hacernos nada, si es que primero no obtiene permiso de Dios. Debemos recordar que Dios le permitió a Satanás probar a Job. ¡La única vez que Dios le da permiso es cuando El ve el tremendo potencial de la cosa que pasa a través de nosotros y que se manifiesta en gozo del más puro!

Cuando comenzamos a darnos cuenta de esto,

Dios puede bendecir nuestras vidas. El poder del Cristo resucitado está en nosotros. Milagros, poder y victoria serán todos parte de lo que Dios hace en nuestras vidas cuando aprendemos a regocijarnos en todas las cosas. Una mañana entré a mi automóvil para ir al trabajo. No quiso arrancar. En el ejército no hay excusas por llegar tarde al trabajo. Yo dije:

—Está bien, Señor, aquí estoy. Seguramente quieres enseñarme algo, así que te agradezco porque este automóvil no quiere ponerse en marcha.

Después de un rato alguien vino y me ayudó a hacerlo arrancar.

A la mañana siguiente sucedió la misma cosa.

—Gracias, Señor, sé que tienes alguna maravillosa razón para tenerme aquí sentado, así que voy a llenarme de gozo y te voy a alabar.

De nuevo pude hacerlo arrancar.

Más tarde en ese día llevé el automóvil al taller de reparaciones. Le conté mi problema al jefe del taller. El dijo:

—Lo siento, Capellán, pero el hombre que trabaja en esa clase de coches ha tenido un ataque al corazón y se halla en el hospital. No me gusta decirle esto, pero tendrá que llevarlo a un lugar civil —mostraba una expresión apenada al decirlo—. Capellán, ellos saben que nuestro mecánico está enfermo, y se están aprovechando de la situación. Lo han estado haciendo con todos los que les hemos enviado allí.

Mientras conducía mi automóvil hacia el garaje "civil", una voz trataba de susurrarme: "¿No es terrible que esos civiles se aprovechen de nosotros la gente del ejército?"

Le dije a ese pensamiento que volviera al lugar de donde había venido, y continué agradeciendo al Señor por haber desarrollado todo este incidente para mi beneficio personal. Dije:

— Señor, sé que estás en esto y te alabo por ello.

Llegué al garaje, y el jefe se me acercó con su carpeta de anotaciones en la mano. Con un resplandor en la mirada dijo:

— ¿Puedo ayudarlo, señor?

Le expliqué mi problema, y él mencionó toda una lista de cosas que "podrían estar mal".

— Esa parte no podemos repararla aquí, así que tendríamos que enviarlo a otro taller. Sin embargo, pudiera ser que éste no fuera el problema, así que tendríamos que hacer otra cosa. Podrían ser varias cosas diferentes, pero mantendremos la observación hasta que encontremos el problema.

— ¿Cuánto tiempo demorarían?

Con una sonrisa respondió:

— Lo siento, señor, pero no tengo idea. Depende.

Podía imaginarme sentir el ruido de la caja registradora.

— ¿Cuánto costará?

— Lo siento, señor, no tengo idea de lo que podría costar.

El jefe del garaje del ejército estaba en lo correcto. Ellos estaban dispuestos a sacar de mí lo que más pudieran.

— Gracias, Señor; tú tienes buenas razones para esto.

Quedé de acuerdo en llevar el carro a la mañana siguiente para dejarlo allí hasta que ellos pudieran hallar y reparar cualquier cosa que estuviera en mal estado.

A continuación conseguí hacer partir el automóvil con mucha dificultad. Coloqué la primera velocidad y comenzó a moverse hacia adelante. En ese preciso momento el jefe del taller avanzó rápidamente y tomó mi brazo.

—¡Espere un momento! Se me ha ocurrido en qué podría estar la dificultad. ¡Detenga el motor!

Tras lo cual levantó la cubierta del motor y comenzó a manipular con un destornillador. Dentro de unos minutos dijo:

—Pruebe ahora, y veremos cómo funciona.

Pisé el botón de partida y la máquina echó a andar con toda suavidad, como si fuera nueva.

—¡Magnífico! ¿Cuánto le debo?

—Nada, señor, ¡ha sido un placer!

—Hijo mío, lo que deseaba enseñarte era que jamás debes volver a preocuparte de que alguien vaya a cobrarte excesivamente, a dañarte o a maltratarte, a menos que sea mi voluntad. Tu vida está en la palma de mi mano y puedes confiar en mí en todas las cosas. Si continúas manifestando tu agradecimiento en todas las circunstancias, verás cuán perfectamente yo habré de desarrollar todos los detalles de tu vida.

—¡Aleluya, Señor! —salté en el asiento de puro gozo—. ¡Gracias, Señor! Gracias por mostrarme todas estas cosas maravillosas.

Me regocijé, y comprendí que si hubiese regañado y me hubiese quejado, el incidente completo no me habría dejado ningún beneficio. ¡Cuántas oportunidades había dejado pasar, en las cuales Dios podía haberme enseñado lo mucho que me ama! La mayoría de nosotros sobrelleva estas oportunidades en calidad de pesadas cargas, ¡pero Dios ha ordenado, por medio de Cristo, que todas estas cosas sean revolucionadas cuando pasen a través de nosotros y se manifiesten en forma de gozo!

¡Qué glorioso es saber que en este mismo momento Dios desea llenar nuestro corazón de gozo abundante! No por causa de nuestra bondad, de nuestra justicia, o de nuestro sacrificio. Depende solamente de una cosa: que creamos en el Señor Jesús.

Esto significa creer que si la silla en que estoy sentado se rompe bajo mi peso, y caigo, es su voluntad. Si el café está demasiado caliente o si las tostadas están húmedas, es su voluntad.

Cuando en verdad comenzamos a creer eso, el poder de Dios comienza a desatarse en nuestra vida. Eso es lo que Jesús trató de explicarnos cuando dijo: "Gozaos cuando os persigan. Cuando seáis pobres. Cuando tengáis tristeza."

Por muchos años yo había sufrido fuertes dolores de cabeza. Rara vez me quejaba por ello, más bien le agradecía a Dios porque yo no sufría como otras personas. Un día me dijo:

— ¿Por qué no tratas de alabarme *por* el dolor de cabeza?

— ¿*Por* el dolor de cabeza?

— Sí, *por* él.

Comencé a elevar mis pensamientos en agradecimiento de que Dios estuviera dándome este dolor de cabeza como una oportunidad de incrementar el poder de Cristo en mi vida. El dolor aumentó en intensidad. Continué agradeciendo a Dios, pero con cada pensamiento de alabanza, el dolor aumentaba.

Comprendí que Satanás y el Espíritu de Cristo estaban en guerra. El dolor alcanzó límites casi insoportables; mis pensamientos seguían siendo de alabanza y de gratitud, y de repente fui invadido de gozo. El gozo parecía brotar de cada célula de mi cuerpo. ¡Jamás había experimentado tal poder en el gozo! Estaba seguro de que si daba un paso, me elevaría en el aire. ¡Y el dolor de cabeza había desaparecido por completo! Durante quince años había sufrido de la fiebre de heno cuando menos seis meses en el año. Muchas veces estaba tan mal que estornudaba, tosía y mantenía un pañuelo pegado a la nariz casi por todo el día. Había tomado "inyecciones" vitamínicas, había probado medicina tras medicina, había orado, ayunado, y vuelto a orar. Había ido donde todos los que yo conocía y oía que podrían orar por mi caso. Nada resultaba.

¿Por qué permitía Dios que yo sufriera? ¿Acaso no le importaba que yo me sintiera tan mal?

Mi amigo, el capellán Curry Vaughan, me había dicho que yo debía creer junto con él que Dios me sanaría. Yo evitaba ver a Curry cuando me venía uno de esos ataques, porque él seguía insistiendo en que continuara creyendo. Había hecho la prueba de creer durante quince años y no sabía qué otra cosa podía hacer.

Cierto día estaba programado que yo debía hablar al mediodía en un reunión de varones de una iglesia metodista local. Al dirigirme hacia Columbus, el líquido comenzó a caerme de la nariz y yo estornudé tan fuertemente que con dificultad logré mantener el control del vehículo. Me vino el pensamiento:

— ¡Alábame!

Comencé a pensar en lo bondadoso que era el Señor al permitirme tener esta debilidad de la carne. El estaba permitiendo que yo la soportara con el fin de enseñarme algo. No era accidente de la naturaleza que yo fuera alérgico a tantas cosas. Dios lo había planeado de esta manera para su gloria y para mi bien.

— Gracias, Señor, por tu bondad. Si Tú deseas que yo soporte esto, confiaré en que me sanarás cuando quieras hacerlo.

— ¿Qué quieres que haga?

— Sáname, Señor.

— ¿Que te sane o que te quite los síntomas?

— ¿No es lo mismo, Señor?

— No, no es lo mismo.

— Está bien, Señor, entonces sáname y yo no he de poner atención en los síntomas.

Después de eso, me di cuenta de que Dios me había mostrado algo nuevo y maravilloso. Cada vez que había orado por sanidad en el pasado y tratado de creer, siempre había sido derrotado cuando los síntomas persistían. Ahora entendía que los síntomas nada significaban. Todo lo que necesitaba era fe en la promesa de Dios; ¡luego Satanás podía urdir todos los síntomas que quisiera!

Cuando llegué al lugar de la reunión, la nariz todavía me parecía un grifo de agua, y estaba estornudando sin control. Dije:

— Señor, si deseas que yo haga el ridículo, estoy dispuesto. Voy a dejar mi pañuelo aquí en el carro y entraré a hablar para ti.

Mientras caminaba hacia la iglesia, comencé a sentirme mejor. Cuando la reunión había concluido, me di cuenta de repente que no tenía síntomas de fiebre de heno.

Por varios días los síntomas no se presentaron. Hasta que una tarde, cuando me preparaba para asistir a una reunión de oración, comenzó a fluir líquido de la nariz.

Pensé: "Señor, no puedo ir al grupo de oración. Esas damas van a pensar que he hecho algo incorrecto y que Tú me has quitado la fe. Se van a congregar a mi alrededor y van a insistir en que yo crea para que Tú me sanes. Pero, Señor, yo sé que Tú me has sanado, así que te agradezco por estos síntomas."

En el grupo de oración una de las hermanas comenzó a exhortarme a que creyera.

— Pero si Dios me ha sanado, — insistí yo.

— ¿Y entonces por qué está estornudando?

— No lo sé. Sólo Dios lo sabe, y a mí me corresponde alabarle.

Mientras iba rumbo a casa, seguía alabándolo y agradeciéndole por dirigir mi vida según a El le placía. Si El quería que Satanás me diera algunos golpes, debía de ser porque tenía alguna buena razón. El había permitido que su propio Hijo sufriera por mí.

— ¿Hijo?

— Sí, Señor.

— Has sido fiel. Jamás volverás a tener ni siquiera un síntoma.

Volví a saltar en mi asiento. No volvería a orar dos veces para sanidad de la misma cosa. Dios dice: "Pedid y recibiréis, para que vuestro gozo sea cumplido" (Juan 16:24).

8

¡ALABADLE!

El descubrimiento del poder existente en la alabanza fue una de las experiencias más excitantes que he tenido; sin embargo, cada vez que deseaba compartirla con alguien, parecía como si Dios estuviera diciendo: "Espera, aún no es el tiempo."

Cuando Ron vino a verme en relación con su problema, era una imagen de la desesperación y la miseria.

— Capellán, usted tiene que ayudarme. Cuando fui reclutado, mi esposa trató de cometer suicidio. Ahora estoy en lista para ir a Vietnam, y ella dice que si voy, se matará. ¿Qué puedo hacer?

Ron era abogado y miembro del foro, pero había sido reclutado y prefirió ingresar al ejército en calidad de soldado raso. Ahora estaba obviamente confundido e incapaz de manejar la situación con su esposa.

— Ron, haz que tu esposa venga a verme y ya veremos lo que se puede hacer.

Sue era la imagen de la miseria. Su cuerpo era frágil y se sentó en el borde de la silla, temblando de pies a cabeza. Las lágrimas fluían descontroladamente de sus ojos.

—Capellán. —Su voz era escasamente audible—. Tengo miedo; no puedo vivir sin Ron.

La miré y una ola de compasión hizo acudir las lágrimas a mis ojos. Conocía la historia de Sue. Había sido adoptada recién nacida, fue separada de su familia adoptiva, y no tenía a nadie en el mundo sino solamente a Ron. Ambos se amaban grandemente y yo sabía que si Ron iba a Vietnam, Sue se quedaría sola en un cuarto alquilado en una ciudad extraña.

Oré silenciosamente pidiendo sabiduría para consolarla.

—Dile que sea agradecida.

Moví la cabeza, incrédulo. Debo haber oído mal.

—¿A ella, Señor?

—¡Sí, puedes comenzar a compartir con ella!

Miré el rostro lloroso de Sue y mi corazón dio un vuelco.

—Está bien, Señor, confiaré en ti.

—Sue, me alegro que hayas venido, —dije, sonriendo con una confianza que no sentía—. No tienes por qué preocuparte. Todo va a resultar bien.

Sue se irguió, se enjugó las lágrimas, y ensayó una débil sonrisa.

Yo continué:

—Lo que deseo es que te arrodilles aquí conmigo y que le agradezcas a Dios porque Ron va a Vietnam.

Me miró con cara de total incredulidad. Yo asentí.

—Sí, Sue, deseo que le agradezcas a Dios.

Inmediatamente comenzó a llorar casi histéricamente. La calmé lo mejor que pude y comencé a leerle en la Biblia los versículos en los cuales yo había aprendido a confiar en los últimos meses.

". . . Dad gracias en todo, porque esta es la voluntad de Dios para con vosotros en Cristo Jesús. . . A los que aman a Dios, todas las cosas les ayudan a bien." Con todo cuidado traté de mostrarle las maravillosas verdades cuya realidad yo había descubierto.

Nada parecía ser de ayuda. Sue creía en Dios y en Cristo, pero en su desesperación su creencia no le era de ayuda. Finalmente abandonó mi oficina llorando, sin paz mental, y ciertamente sin gozo.

— Señor, ¿te he interpretado mal por completo? Esa mujer no parece haber sido ayudada ni siquiera un poco.

— Paciencia, hijo. Yo estoy obrando.

Al día siguiente Ron vino a la oficina.

— Capellán, ¿qué le dijo usted a Sue? Ella está peor que antes.

— Le dije a Sue cuál era la solución para su problema, y ahora se la digo a usted. Deseo que se arrodillen y le den gracias a Dios de que usted va a Vietnam y de que Sue está tan confundida que amenaza con matarse.

Ron no podía entenderme. Repasamos las Escrituras con todo cuidado. ". . . Esta es la voluntad de Dios para con vosotros." Ron dijo:

— Ahora está claro por qué Sue no comprendió. Yo tampoco entiendo. — Y se fue.

Dos días más tarde volvieron.

— Señor, estamos desesperados. Usted tiene que hacer algo para ayudarnos.

Ambos esperaban que yo, como capellán, presentara una petición para que se le cambiara la asignación a Ron.

De nuevo les expliqué que la única solución era la que Dios me permitía poner ante ellos. ". . . A los que aman a Dios, todas las cosas les ayudan a bien."

— Si ustedes pueden tan solamente creer que Dios está realmente obrando en todo esto para el bien de ustedes dos, entonces todo lo que tienen que hacer es confiar en El y comenzar a agradecerle, a pesar de las apariencias.

Ron y Sue se miraron el uno al otro.

— ¿Qué tenemos que perder, querida? — dijo Ron. Nos arrodillamos y Sue oró:

— Señor, te agradezco porque Ron irá a Vietnam. Debe ser tu voluntad. Ciertamente yo no lo entiendo, pero haré la prueba.

Luego oró Ron:

— Señor, esto es muy extraño para mí, también, pero confío en ti. Gracias porque he de ir a Vietnam y porque Sue está tan afectada. Te agradezco aun por el hecho de que ella trataría de hacerse daño.

Yo tenía el presentimiento de que Ron y Sue no estaban tan convencidos como lo estaba yo, pero le agradecí al Señor por el hecho de que ellos estuvieran haciendo la prueba.

Salieron de mi oficina y más tarde me enteré de lo que había sucedido.

Ron y Sue habían ido a la capilla y se habían arrodillado juntos ante el altar. Allí consagraron sus vidas el uno al otro y a Dios en forma más profunda que antes, y ahora Sue tuvo el valor de orar de este modo:

— Señor, te agradezco que Ron vaya a Vietnam.

Sabes lo mucho que lo echaré de menos. Sabes que no tengo padre ni madre, ni hermano ni hermana ni familia de ninguna clase. Confiaré en ti, Señor.

Esta fue la oración de Ron:

— Señor, te doy gracias. Te entrego a Sue. Ella te pertenece y confío que la cuidarás.

Después de eso, se levantaron del altar. Ron salió de la capilla y se encaminó a su unidad, mientras que Sue volvió a la sala de espera contigua a mi oficina. Tenía necesidad de sentarse tranquila y ordenar sus pensamientos. Mientras estaba allí sentada, un soldado joven entró y preguntó por el capellán. Sue le dijo que yo estaba ocupado. Pero ofreció:

— Pero si usted espera un poco, yo le diré que usted está aquí.

— Esperaré, — dijo el joven soldado. Se veía muy preocupado y Sue le preguntó —: ¿Cuál es su problema?

— Mi esposa me pide el divorcio.

Sue movió su cabeza: — Usted no conseguirá mucho viendo a *ese* capellán, — dijo ella, pero el soldado no se desanimó fácilmente, y mientras estaban esperando, él sacó su cartera y comenzó a mostrar a Sue fotografías de su esposa y de sus hijos. Al pasar a la fotografía siguiente, Sue exclamó:

— ¿Quién es ella?

— Es mi madre.

— Esa es *mi* madre, — dijo Sue temblando de emoción.

— No puede ser, — contestó el soldado —. Yo no tengo hermana.

— ¡Ella es, sé que es ella!

— ¿Qué es lo que la hace pensar de ese modo?

— Cuando yo era niña, encontré en el escritorio de mis padres un papel que decía que yo era hija adoptiva. En la esquina superior derecha había una fotografía de mi verdadera madre. Es ella. Es la misma persona.

Y de hecho, era.

Algunas comprobaciones posteriores revelaron que Sue había sido prometida para ser adoptada antes de que naciera, y su madre natural no la había visto nunca. No tenía idea de dónde estaría Sue y jamás había oído nada acerca de ella desde el día en que nació.

Ahora Sue tenía un hermano, un verdadero hermano, y junto con él llegó una familia completa.

¿Era coincidencia? Hay más de doscientos millones de personas en los Estados Unidos. ¿Cuántas serían las probabilidades en contra de que aquel soldado en especial traspasara la puerta de mi oficina cuando Sue acababa de hacer un pacto con Dios de alabarle por su soledad y por su carencia de familia?

Pero eso no fue todo. Al volver Ron a su unidad, se encontró con un antiguo amigo de la Escuela de Derecho, que ahora era oficial en asuntos legales.

— Hola, amigo mío, ¿adónde vas? — dijo él al encontrarse con Ron.

— ¡Gloria a Dios, voy a Vietnam! — contestó Ron. Conversaron un poco más, y el amigo persuadió a Ron para que solicitara una transferencia, de modo que pudiera trabajar con él en la oficina de asuntos legales.

Ron y Sue no tuvieron que separarse. Y en adelante Sue no tuvo que aferrarse a Ron por temor de perderlo. Había alcanzado una gozosa confianza en Jesucristo e iba por todas partes alabándolo.

Más tarde llegó a mi oficina un aspirante a oficial: Lloró abiertamente por largo rato.

—Señor, usted debe ayudarme. Mi esposa ha estado pidiéndome el divorcio. Su abogado me ha enviado los papeles para que los firme. No puedo continuar con el programa de aspirantes a oficiales. Ni aun deseo permanecer en el ejército. Por favor, ayúdeme.

—Yo sé cómo puede resolverse su problema. Arrodillémonos y agradezcámosle a Dios porque su esposa quiere divorciarse.

El no estaba mejor condicionado para entender que Sue y Ron. Con todo cuidado repasamos juntos las Escrituras. Por fin él decidió que podría probar. Nos arrodillamos y él oró, colocando todo el asunto sobre Dios, y agradeciéndole por haber permitido que sucediera.

Cuando volvió a su unidad, estaba tan conmovido emocionalmente, que lo dejaron franco por el resto del día. Se fue a su cama, y allí se quedó, alabando una y otra vez a Dios:

—Gracias, Señor, porque mi esposa desea el divorcio. Seguramente yo no lo entiendo, pero tu Palabra dice que debo agradecerte por todas las cosas, así es que eso hago.

Durante todo el día pensó una y otra vez sobre lo mismo. Esa noche no pudo dormir, así que la pasó alabando a Dios. Al día siguiente durante los ejercicios, estaba como deslumbrado.

—Señor, Tú sabes que no lo entiendo, pero te agradezco de todos modos.

Esa tarde estaba sentado en el comedor, cenando. Mientras estaba comiendo, sintió ese impulso repentino.

—Señor, es cierto que Tú *debes* saber mucho mejor que yo lo que es mejor para mí. *Sé* que todo esto tiene que ser tu voluntad. ¡*Gracias*, Señor; ahora lo entiendo!

En ese momento otro aspirante lo tocó en el hombro y le dijo que fuera al teléfono.

En todas aquellas semanas en que había sido aspirante, nadie lo había llamado jamás por teléfono.

Al levantar el fono pudo oír que al otro lado de la línea había alguien llorando.

—Querido, ¿podrías perdonarme? ¡No deseo el divorcio!

Una dama vino a verme de mala gana. Una de sus amigas casi la había traído a la fuerza a mi oficina. Me contó que había estado considerando seriamente el suicidio, pero que no veía qué beneficio podía sacar de hablar sobre este asunto.

Poco a poco me fue proporcionando los detalles. Su marido había engendrado un hijo ilegítimo en otra mujer. El niño estaba siendo criado por los padres de su esposo. Cada vez que ella iba a visitar a sus suegros, se encontraba con el niño. Para empeorar las cosas, la madre del niño solía presentarse a la misma hora. Aun cuando pasaban estrecheces económicas, su esposo enviaba dinero a los padres para ayudarlos en el cuidado de su hijo ilegítimo. Ya no podía seguir viviendo con este dolor interno.

—No se aflija, —le dije—. No tiene para qué; su problema tiene solución.

Me miró, con aire de sorpresa. —¿Cuál es esa solución?

— Arrodillémonos aquí y agradezcámosle a Dios por el hecho de que su esposo haya engendrado a este hijo.

De nuevo repasé las Escrituras que hablan de agradecer a Dios en todas las cosas. Enjugándose las lágrimas, manifestó intenciones de hacer la prueba. Oramos, y ella salió de la oficina dispuesta a dejar los problemas de su vida en manos de Dios.

A la mañana siguiente la llamé para averiguar cómo le iba.

— ¡Magnífico!

— ¿De veras?

— Sí, señor, ¡esta mañana me levanté llena de gozo!

— ¿Qué sucedió?

— Cuando ayer llegué a casa, comencé a pensar qué haría ahora que estaba agradecida por este hijo de mi esposo. Llegué a la conclusión de que si estaba verdaderamente agradecida, yo tenía que hacer algo sobre el particular. En seguida me senté y llené un cheque para enviarlo a mis suegros, encargándoles que lo usaran en el bebé. Esta mañana me siento verdaderamente en la gloria.

Al día siguiente la llamé de nuevo, y ella dijo:

— Hoy me siento todavía mejor que ayer.

— ¿Qué es lo que ha hecho usted ahora?

— Comencé a pensar en cierta dama que vive cerca de mi casa y que tiene un hijo retardado mental. Fui a verla esta mañana y le pregunté si podía ayudarla con el niño. Ella estaba tan maravillada que no sabía qué decir. Yo me quedé y comencé a hacer lo que podía.

— ¿Usted sabe cómo tratar a los retardados?

— Sí, señor. Tengo grado de maestra en el trabajo con niños especiales.

— ¿Ha trabajado usted con niños desde que se graduó?

— No, señor, éste es el primer niño con el que he trabajado.

— ¿Comprende ahora por qué Dios permitió que eso sucediera en su vida?

— Sí, señor, lo comprendo, ¡y ahora en verdad lo alabo!

Desde entonces en adelante ella fue una mujer cambiada. Los que la conocían antes, decían que ella siempre actuaba y daba la impresión de ser una mujer que padecía grandes dolores. Ellos dicen que ahora ella parece y actúa como si hubiera descubierto algún secreto maravilloso, y la gente está siendo atraída a Cristo por causa de su esplendor y gozo.

Jesús no prometió cambiar las circunstancias alrededor de nosotros, sino que prometió gran paz y puro gozo a aquellos que aprenden a creer que Dios efectivamente controla *todas las cosas.*

El acto mismo de alabanza desata el poder de Dios dentro de una combinación de circunstancias y permite a Dios cambiarlas si éste es su designio. Muchas veces son nuestras actitudes las que impiden la solución de un problema. Dios es soberano y podría, ciertamente, cortar a través de los moldes erróneos de nuestros pensamientos y actitudes. Pero su plan perfecto es introducir a cada uno de nosotros a la amistad y comunión con El, de este modo El permite circunstancias e incidentes que traigan a nuestra atención nuestras actitudes erróneas.

He llegado a creer que la oración de alabanza es la forma más alta de comunión con Dios, y que siempre desata una gran cantidad de poder en nuestras vidas. La alabanza no es algo que hacemos porque nos sentimos bien; es más bien un acto de obediencia. A menudo la oración de alabanza es ofrecida a regañadientes; pero cuando persistimos en ella, de algún modo el poder de Dios es soltado en nosotros y se introduce dentro de la situación, primeramente como una gotera, pero más tarde como un arroyo creciente que finalmente nos inunda y borra todas las antiguas heridas y cicatrices.

La esposa de un militar vino a verme a raíz de un problema para el cual ella creía que existía una sola solución.

Su marido había desarrollado una excesiva afición a la bebida y por varios años había sido un alcohólico. A menudo lo encontraban su esposa y sus hijos adolescentes, tendido borracho y completamente desnudo sobre el piso de la sala de estar. También lo habían encontrado en esa condición en el pasillo de la casa de departamentos donde vivían otras varias familias.

Completamente desesperada, la esposa decidió llevarse los hijos y abandonarlo. Algunos amigos la persuadieron para que al menos viniera a conversarlo conmigo primeramente.

—Diga lo que quiera, capellán, pero no me aconseje que permanezca junto a él, —dijo ella—. Eso es algo que no puedo hacer.

—Realmente no me importa si usted va a quedarse con él o no, — le dije —, lo único que quiero es que usted le agradezca a Dios porque su esposo es como es.

Cuidadosamente le expliqué lo que la Biblia dice con respecto a agradecer a Dios por todas las cosas, y que si ella lo intentaba, Dios podría resolver su problema de la mejor manera.

A ella le pareció que sonaba ridículo, pero finalmente accedió a arrodillarse, mientras yo oraba que Dios desatara en ella suficiente fe para creer que El es un Dios de amor y poder que sustenta al mundo en sus manos.

Finalmente ella dijo: — Creo.

Dos semanas más tarde la llamé.

— Me siento maravillosamente bien, — dijo ella—. Mi esposo es un hombre diferente. No ha vuelto a beber en estas dos semanas.

— Eso es maravilloso, — dije —. Me gustaría hablar con él.

— ¿Qué quiere decir usted? — El tono de ella era de sorpresa.

— Creo que sería bueno si yo hablara con su esposo sobre el poder que está operando en sus vidas.

— ¿Es que no había hablado usted con él todavía? — Su tono era de perplejidad.

— No, ni siquiera lo he conocido todavía.

— Capellán, esto es un milagro, — exclamó ella—. El día en que yo estuve en su oficina él llegó a casa del trabajo y por primera vez en siete años no se dirigió al refrigerador para buscar una cerveza. En cambio, se fue a la sala de estar y conversó con los niños. Yo estaba segura de que usted había hablado con él.

Nuestra oración de alabanza había desatado el poder de Dios para que operara en la vida de otra persona. La esposa lloraba francamente junto al teléfono.

— Gloria a Dios, Capellán, — sollozó —, ahora sé que Dios se preocupa de cada detalle en nuestras vidas.

Un soldado joven cayó con una seria complicación cardíaca y fue llevado al Hospital de Fort Benning. Le dieron de alta, pero tenía que volver para ser sometido a frecuentes exámenes y por fin le indicaron que fuera a otro hospital para ser sometido a la cirugía cardíaca. Las noticias lo llenaron de desesperación, y comenzó a beber. Su desesperación aumentó hasta que decidió irse. Robó ropas de sus compañeros y se fue en el vehículo del sargento primero, el cual chocó, dejándolo inservible.

El infeliz soldado fue arrestado y puesto en el calabozo en espera de ser juzgado. Otro soldado lo condujo a Cristo. Yo fui a verlo, y él se sentía tan deprimido y temeroso de haber arruinado su vida tan completamente, que ya no podría ser de utilidad para nadie.

— Tus pecados están perdonados y olvidados, — le dije —. No pienses en tu pasado como si fuera una cadena atada alrededor de tu cuello. Dale gracias a Dios por cada detalle de tu vida y cree que Él ha permitido todas estas cosas con el fin de traerte al lugar donde tú estás ahora.

Juntos escudriñamos las Escrituras en busca de la Palabra de Dios que afirma que todas las cosas obran para bien de los que lo aman.

—Y eso no quiere decir simplemente las cosas insignificantes que nos suceden después que le hemos pedido a Dios que tome control de nuestra vida, —dije—. Dios puede usar nuestros errores y fracasos del pasado, cuando se los dejamos a El en actitud agradecida.

Comprendió, y comenzó a agradecer seriamente a Dios por todo lo que había sucedido. Al aproximarse su juicio, su abogado defensor le dijo que lo mejor que podía esperar era una sentencia a cinco años de cárcel y ser dado de baja del ejército con malas calificaciones. El soldado permaneció impávido e insistió en que, cualquier cosa que sucediera, Dios tenía pleno control de su vida y haría que todo resultara para su bien.

La corte marcial general tuvo una conclusión sorprendente. Esa corte marcial nunca se celebra a menos que las autoridades militares crean que el crimen merece un severo castigo. Este soldado fue sentenciado a seis meses en la prisión local, y no se le dio de baja del ejército.

Junto con el capellán Curry Vaughan fuimos a visitarlo a la prisión. Pensábamos que íbamos allí para alentarlo; en cambio, él nos alentó a nosotros. Estaba lleno de gozo y era contagioso. Pronto la prisión resonó con nuestras risas. El joven soldado no podía mantenerse tranquilo; se reía, cantaba y brincaba alrededor de la sala de visita.

Antes de que pensáramos en irnos le preguntamos cómo se sentía físicamente. Ya había sido puesto en lista para ser operado del corazón, y médicamente hablando, estaba todavía en necesidad de atención. Confesó que se sentía muy débil físicamente y que a menudo el corazón le creaba problemas. Pero dijo:

— Es maravilloso. Dios me está cuidando.

Le preguntamos si querría que oráramos para su sanidad, y dijo:

— Háganlo, por favor. Creo que Dios me sanará.

Colocamos nuestras manos sobre él, creyendo que Dios, por medio de Cristo, estaba allí mismo, sanándole. El soldado sonrió alegremente y dijo:

— Creo que ya está hecho.

Pocas semanas más tarde hablé con el comandante de la compañía.

— Creo que mantener a este hombre en el calabozo es derrochar el dinero del gobierno.

— ¿Por qué, capellán? — dijo él.

— Porque no es el mismo hombre que robó ropas y un automóvil y que luego lo chocó. Está completamente cambiado.

El comandante le encontró razón e hizo que pusieran en libertad al soldado. Una semana más tarde le pregunté cómo se sentía.

— Capellán, yo me cansaba por caminar cien metros. Ahora puedo correr y parece que nunca me canso. Dios me ha sanado.

Dondequiera que iba, yo compartía ahora lo que había descubierto acerca del poder de la alabanza. Estaba comenzando a aprender que la alabanza no era simplemente una forma de adoración o de oración, sino también una forma de pelear batallas espirituales. A menudo cuando alguien comenzaba a alabar a Dios por los problemas que lo enfrentaban, descubría que Satanás aumentaba sus ataques y la situación parecía empeorar en lugar de mejorar. Muchos que intentaban el camino de la alabanza, se desanimaban, y no eran capaces de mantener la creencia de que Dios tenía cargo de la situación.

Otros sencillamente no entendían, y rehusaban probar a alabar a Dios por las cosas desagradables.

— No le encuentro sentido, — decían —. No voy a alabar a Dios por algo en lo cual no creo que Dios tenga nada que ver. ¿Cómo puede Dios tener algo que ver con mi brazo quebrado, o con mi automóvil chocado, o con el horrible temperamento de mi marido? Sería necia al alabarlo por algo como eso.

Por cierto que parece no tener sentido. La pregunta que debemos hacernos es: ¿tiene resultados? Parecía no haber mucha lógica cuando Jesús dijo que saltáramos de gozo cuando tuviéramos hambre, o estuviéramos pobres, o fuésemos perseguidos. Sin embargo, El, con toda precisión, nos dijo que hiciéramos precisamente eso. En Nehemías 8:10 leemos: "El gozo de Jehová es vuestra fuerza."

Los dardos del enemigo no pueden penetrar el gozo de alguien que está alabando al Señor. En 2 Crónicas 20 leemos que un ejército completo fue derrotado cuando los israelitas sencillamente alabaron al Señor y le creyeron cuando les dijo que la batalla no era de ellos, sino suya.

Este mensaje es igualmente claro en el día de hoy. La batalla no es nuestra, es de Dios. Mientras lo alabamos, El pone en fuga a nuestros enemigos.

Era desalentador y triste ver a aquellos que rehusaban alabar al Señor. Mi corazón se afligía por ellos en sus situaciones de sufrimiento y miseria sin esperanza. Le pedía a Dios que me diera sabiduría para comprender por qué ellos no podían aceptar el camino de la alabanza, y también le pedí que me enseñara mejores métodos de guiar a otros para que lo alabaran.

Casi siete meses después de haber tenido mi primera experiencia de reírme con gozo en el Espíritu, asistí a un campamento de retiro. Yo había estado anhelando disponer de un tiempo de descanso y de regocijo en compañía de hermanos y hermanas en Cristo.

Mientras estaba sentado en la parte trasera del auditorio durante un servicio de sanidad cerré los ojos, y en la pantalla de mi visión interior Dios pintó un cuadro.

Vi un hermoso y brillante día veraniego. El aire estaba lleno de luz y yo tuve la sensación de que todo era muy hermoso. Allá arriba había una nube negra, pesada y densa, que no dejaba ver nada tras de ella. Había una escalera extendida desde la tierra y apoyada en la nube. Junto a la base de la escalera había centenares de personas tratando de tener una oportunidad de ascender por la escalera. Habían oído que por encima de la oscuridad había algo más hermoso que cualquier cosa que el ojo humano hubiese visto, algo que provocaba gozo indescriptible a los que lo conseguían. Las personas que intentaban el ascenso subían rápidamente hasta el borde inferior de las nubes. La multitud observaba para ver lo que sucedería.

Al cabo de un rato, la persona volvía deslizándose vertiginosamente por la escalera y caía en medio de la multitud, dispersando a la gente en todas direcciones. Informaban que una vez que habían llegado a la oscuridad de la nube, habían perdido todo sentido de dirección.

Finalmente llegó mi turno, y a medida que trepaba por la escalera dentro de la oscuridad, ésta llegó a ser tan intensa que yo podía sentir su poder casi forzándome a renunciar y a deslizarme de vuelta. Pero, paso tras paso, continué hacia arriba, hasta que de repente mis ojos contemplaron la más intensa luminosidad que jamás había visto. Era una blancura brillante demasiado gloriosa para ser descrita con palabras. Cuando salí de la oscura nube, comprendí que podría caminar por encima de ella. Mientras me mantuve mirando la luz, pude caminar sin dificultad. Cuando miré hacia abajo para examinar la naturaleza de la nube, comencé a hundirme de inmediato. Podía mantenerme arriba únicamente mirando a la luz.

Luego la escena cambió y me encontré mirando los tres niveles desde la distancia.

— ¿Qué significado tiene todo esto? — pregunté, y vino la respuesta:

— La brillante luz del sol bajo la nube es la luz en que viven muchos cristianos, y que aceptan como normal. La escalera es la escalera de la alabanza consagrada a mi Persona. Muchos tratan de trepar por ella y aprenden a alabarme en todas los cosas. Al principio se muestran muy ansiosos, pero cuando llegan a cosas que no comprenden, se confunden y no pueden mantenerse. Pierden la fe y se deslizan hasta el punto de comienzo. Al caer, causan daño a otras personas que han estado esperando hallar un medio de vivir en gozo y alabanza continuos.

— Los que pasan por medio de aquellos tiempos

difíciles, alcanzan un nuevo mundo, y se dan cuenta de que la vida que una vez consideraron como normal, no puede compararse con la vida que yo he preparado para los que me alaban y creen que puedo cuidarlos. Aquel que alcanza la luz del reino celestial, puede caminar por sobre las dificultades, sin importarle cuán oscuras puedan parecer, mientras mantenga sus ojos alejados del problema, y puestos en mi victoria en Cristo. No importa cuán difícil pueda parecer creer en que Dios intervendrá en todos los detalles de tu vida, ¡mantente aferrado a la escalera de la alabanza y muévete hacia arriba!

Yo estaba semideslumbrado por la visión y por la explicación, y me preguntaba cuán pronto me permitiría Dios compartirla con alguien.

En el campamento me encontré con una mujer que estaba enfrentando problemas difíciles en el hogar. Allí había enfermedad y dificultades familiares, y a ella se le hacía difícil creer que alabar a Dios le haría algún bien.

Interiormente pedí que Dios me guiara y El me dijo:

— ¡Cuéntaselo!

Así que le dije: — Usted será la primera en oír esto, — mientras ella escuchaba, yo podía ver cómo la pesadumbre literalmente la dejaba y su rostro y sus ojos se iluminaban con una mirada de gozosa espectativa.

En Efesios, capítulos uno y dos, hallé mi visión descrita en términos ligeramente diferentes, por Pablo:

"... Bendito (¡Alabado!) sea el Dios y Padre de nuestro Señor Jesucristo, que nos bendijo con toda bendición espiritual en los lugares celestiales en Cristo... según nos escogió El antes de la fundación del mundo, para que fuésemos santos y sin mancha delante de El... para alabanza de la gloria de su gracia... de reunir todas las cosas en Cristo... a fin de que seamos para alabanza de su gloria, nosotros los que primeramente esperábamos en Cristo... para que sepáis... cuál (es) la supereminente grandeza de su poder para con nosotros los que creemos, según la operación del poder de su fuerza, la cual operó en Cristo, resucitándole de los muertos y sentándole a su diestra en los lugares celestiales, sobre todo principado y autoridad y poder y señorío, ... y nos resucitó, y asimismo nos hizo sentar en los lugares celestiales con Cristo Jesús..."

Jesucristo es elevado por sobre todos los poderes de las tinieblas, y de acuerdo a la Palabra de Dios, nuestra legítima herencia está justamente allá *encima* de la oscuridad, junto a Cristo. ¡La escalera es la alabanza!

Yo estaba llegando a ser cada vez más consciente del poder de la alabanza, pero también estaba consciente de algunas de las trampas del enemigo.

En el mismo tiempo en que comencé a escudriñar mi Biblia en busca de enseñanza sobre la alabanza, fui conducido también a escrituras que describían el poder que hemos recibido en Cristo sobre las fuerzas de las tinieblas. Por largo tiempo había estado en mi conocimiento el pasaje de Marcos 16 en donde Jesús habla de las señales que seguirán a los que crean en El: "En mi nombre echarán fuera demonios; hablarán nuevas lenguas; tomarán en las manos serpientes, y si bebieren cosa mortífera, no les hará daño; sobre los enfermos pondrán sus manos, y sanarán."

Yo había orado pidiéndole a Dios que me mostrara si todo esto era válido para mí en el siglo veinte, y que si lo era, cuándo y cómo podría usarlo.

Advertí que a menudo me ponía intranquilo cuando estaba alrededor de cierta gente, y consultando con Dios, tuve la fuerte impresión de que lo que los afectaba era de naturaleza demoníaca.

Oré pidiendo que si alguna vez tuviera que enfrentarme cara a cara, durante una sesión de oración, con alguien en esas condiciones, que Dios me dijera lo que debía hacer.

La esposa de un militar fue abandonada por su esposo, quien la dejó con sus tres hijos. Desesperada, trató de matarse. Fue llevada de urgencia al hospital y le salvaron la vida. Cuando estuvo de vuelta en su casa, algunos amigos la trajeron a mi oficina. Era la imagen misma de la desesperación. Sus amigos me habían dicho que durante varios años jamás la habían visto sonreír. Comencé a hablarle sobre el camino de la alabanza a Dios, pero pronto me sentí compelido a detenerme. Miré sus ojos, y súbitamente presentí que dentro de ella había algo muy maligno.

Había un sentimiento de temor; comprendí que estaba en verdad cara a cara con el mal.

"Señor", oré interiormente, "ya he avanzado bastante, ahora no puedo volverme, así es que avanzaré en fe, confiando en que Tú harás la obra."

Mirando directamente a la mujer en los ojos, ordené en voz alta que el espíritu maligno saliera de ella, en el nombre del Señor Jesucristo y en el poder de su sangre derramada.

Sus ojos vidriosos se aclararon repentinamente, y pudo escuchar mientras yo le explicaba que Dios podía hacer que todas las cosas resultaran para bien, si ella tan solamente confiaba y lo alababa.

Ahora ella estaba libre para comprender, y sonrió con una hermosa luminosidad. Jesucristo había quebrantado la esclavitud de tinieblas que había amenazado su vida.

El capellán Curry Vaughan, hijo, había comenzado a experimentar el poder de la alabanza en su propia vida. Muy luego después de haber comenzado a alabar a Dios por sus dificultades, llegó a su casa una noche y le avisaron que su hijita de dos años se había bebido un vaso lleno de alcohol mineral, una especie de trementina de alto grado. Ya la había llevado de prisa al hospital. Curry saltó a su automóvil y se dirigió a toda velocidad para estar junto a ella. Su mente era un torbellino con pensamientos de temor y preocupación. De pronto se dio cuenta de lo que estaba haciendo, aminoró la marcha del vehículo, y alabó al Señor por lo que había sucedido.

En el hospital colocaron sondas en el estómago de su hija, la examinaron mediante rayos X, y le dijeron a Curry que era posible que sucedieran dos cosas. Primero, esa noche ella tendría una fiebre muy alta; segundo, había noventa y cinco por ciento de posibilidades de que se le desarrollara neumonía.

Curry y su esposa Nancy llevaron a su hija a casa, dispuestos a observarla muy de cerca, como habían ordenado los médicos.

En casa, Curry tomó a su hija en brazos y oró: "Padre Celestial, sé que Satanás ha tratado de atacarme una vez más, ¡y te he alabado! Ahora clamo en el nombre de Jesús que Virginia no tenga fiebre, y que no contraiga neumonía."

A la mañana siguiente Virginia despertó tan fresca y vivaz como siempre. No había sufrido los efectos de la enfermedad.

Un próspero hombre de negocios vino a verme en relación con su hija adolescente. Yo conocía a la familia y sabía que su hija había recibido cariño y cuidados aun más de lo común, y sin embargo ella había desarrollado un violento odio por su hermana menor. La azotaba y golpeaba con cualquier objeto pesado que hallaba.

Los atribulados padres la habían sometido a tratamiento siquiátrico, la habían mantenido con tranquilizantes, y habían orado durante años que Dios les ayudara a hallar una solución para su terrible problema.

Comprendieron el peligro a medida que aumentaban los arrebatos de violencia.

Me entrevisté con ambos padres, y los desafié a probar la única cosa que ellos no habían intentado.

— ¿Y qué es esa cosa? — preguntaron ambos.

— Agradecer a Dios de que les haya dado esta hija para suplir la necesidad de ustedes. Alábenle de veras por saber exactamente cuál sería la bendición mayor para su familia.

Al principio ellos pensaron que esto estaba fuera de lo que podían hacer. Habían intentado durante años resolver el problema, y no se les ocurría que hubiera manera de alegrarse de repente por el hecho de que todo era exactamente como era. Juntos repasamos las Escrituras y luego oramos que Dios obrara un milagro y los ayudara a agradecerle.

Sucedió un milagro. Comenzaron a sentirse agradecidos y a manifestar su agradecimiento. Practicaron esto diariamente durante dos semanas. En lugar de angustia y temor constante, experimentaron paz y gozo.

Cierta noche estaban en la sala de estar. Su hija mayor se hallaba en el centro del cuarto, sosteniendo una planta en un macetero en sus manos. Los miró, y cuando consiguió su atención, sonrió y dejó caer el macetero en el centro de la alfombra. Tierra, pedazos de arcilla y flores se desparramaron en todas direcciones. La chica permaneció sonriendo, esperando la reacción de ellos. Ambos padres se habían acostumbrado de tal modo a la práctica de alabar a Dios, que automáticamente dijeron, al mismo tiempo: — Gracias, Señor.

La hija los miró asombrada. En seguida levantó la cabeza, y mirando al cielo dijo: — Gracias, Señor, por enseñarme. — Desde aquel momento comenzó a mejorar.

Sus padres vinieron regocijados a verme. El poder de la alabanza había obrado. Durante años Satanás había mantenido a esa familia en esclavitud por medio de esa hija. Ahora su hechizo se había roto. En Santiago leemos que debemos allegarnos a Dios y resistir a Satanás. En Romanos 12:21 Pablo nos dice: "No seas vencido de lo malo, sino (¡toma la ofensiva!) vence con el bien el mal."

Algunos me han preguntado si este principio de la alabanza no será simplemente otra manera de designar el poder del pensamiento positivo. Al contrario. Alabar a Dios en toda circunstancia no significa que cerramos nuestros ojos a las dificultades. En su carta a los Filipenses, Pablo dice que no nos aflijamos por nada, sino "sean conocidas vuestras peticiones delante de Dios en toda oración y ruego, con *acción de gracias*. Y la paz de Dios, que sobrepasa todo entendimiento, guardará vuestros corazones y vuestros pensamientos en Cristo Jesús."

El mirar solamente el lado bueno de toda situación es simplemente una manera peligrosa de tratar de escapar a la realidad de la situación misma. Cuando alabamos a Dios, le agradecemos *por* nuestra situación, y no a pesar de ella.

No estamos tratando de evitar nuestros dilemas, sino que más bien Jesucristo está mostrándonos una manera de vencerlos.

Existe una escalera de alabanza, y creo que todos, sin excepción, pueden comenzar a alabar a Dios ahora mismo, sea cual fuere la situación en que se encuentren.

Para que nuestra alabanza alcance la perfección que Dios quiere en nosotros, debe estar libre de cualquier pensamiento de recompensa. La alabanza no es otra manera de regatear con Dios. No decimos: "Ahora que te hemos alabado en medio de esta situación confusa, ¡sácanos de ella!"

Alabar a Dios con un corazón puro significa que debemos dejar que Dios limpie nuestros corazones de motivos impuros y de propósitos ocultos. Tenemos que experimentar la muerte al yo, de modo que podamos vivir de nuevo en Cristo con mente y espíritu renovados.

llegado a la convicción de que se efectúa únicamente por medio de la alabanza.

Dios está llamándonos para que lo alabemos, y la forma más elevada de alabanza es la que Pablo nos exhorta a ofrecer en Hebreos 13:15: "Ofrezcamos siempre a Dios, por medio de El (Cristo), sacrificio de alabanza, es decir, fruto de labios que confiesan su nombre."

El sacrificio de alabanza se ofrece cuando todo es tinieblas alrededor nuestro. Es ofrecido por un corazón agobiado, a Dios, porque El es Dios, Padre y Señor.

No creo que sea posible alabar a Dios de esta manera, sin haber experimentado el Bautismo del Espíritu Santo. Al comenzar a alabarlo, cualquiera que sea el peldaño de la escalera en que nos encontremos, su Espíritu Santo comienza a llenar nuestro ser más y más.

La alabanza continuada a El significa una disminución constante del yo, y un aumento de la presencia de Cristo dentro de nosotros, hasta que, juntamente con Pedro, nos regocijamos con gozo indecible y lleno de gloria.

"Y salió del trono una voz que decía:
Alabad a nuestro Dios todos sus siervos,
y los que le teméis,
así pequeños como grandes.
Y oí como la voz de una gran multitud,
como el estruendo de muchas aguas,
y como la voz de grandes truenos,
que decía: ¡ALELUYA!"

Apocalipsis 19:5, 6

Nos agradaría recibir noticias suyas.
Por favor, envíe sus comentarios sobre este libro
a la dirección que aparece a continuación.
Muchas gracias.

ZONDERVAN

Editorial Vida
7500 NW 25 Street, Suite 239
Miami, Florida 33122

Vidapub.sales@zondervan.com
http://www.editorialvida.com